冠軍操盤人黃嘉斌
獲利的口訣

黃嘉斌——著

以76.3%報酬率傲視證券業的股市專家

多年來我堅持照這些口訣，
簡單操作就賺錢！

CONTENTS

專業推薦 9

推薦序
股市投資，是個性的總考驗／謝金河 11

自序
靜待貪婪的時機 15

第一章
我這樣選股，一年獲利 76.3% 23

第一節　「有些股票是用來看的，不是用來買的」 24
　　　　權值股的漲跌，會影響加權指數起落
　　　　「高價股回檔，往往大盤也準備轉向」
　　　　「不一定要買股王，但要觀察領頭羊」

第二節　遇到悶行情，用情境模擬 33
　　　　情境模擬不能偏向某一方
　　　　下決策前，先調整持股成數
　　　　三種情境下，該加碼或觀望？

第三節　「輸家不是看錯方向，而是沒有看法」 40
　　　　大師也會看錯，重點是：你有看法嗎？

　　　　　從「量變」轉為「質變」，想像空間變大
　　　　　多做假設，你會比別人更有想法

第四節　「掌握潮流又創造需求」，這檔股必賺！ *46*
　　　　　股市的本質是投資，不是零和
　　　　　跟對潮流，報酬會隨著時間擴大
　　　　　股市的表現優於債市
　　　　　站在潮流的浪頭上，一度成為股王
　　　　　關鍵：是否禁得起時間考驗？

**第五節　我的三不原則：
　　　　　不和景氣、政府、公司對作** *55*
　　　　　政策扶持生技產業，新藥開發最有利基
　　　　　沒有本益比、不看淨值比，看啥？
　　　　　「做『對』才能賺錢，對作保證賠錢」

第六節　「長期持有是對的，但前提是獨占利基！」 *68*
　　　　　獨領競爭優勢，6年漲10倍不意外
　　　　　用新製程降低成本，迅速席捲市占率
　　　　　台積電，依然是外資最愛
　　　　　長期持有是對的，但前提是獨占利基

第七節　你收到的是LINE？還是lie？ *76*
　　　　　看到黑影就開槍，難怪被套牢
　　　　　錯過投機無所謂，錯過投資才可惜
　　　　　面對消息傳言，兩方法快速確認

第二章
等待不只是美德，我比別人多賺一倍 *83*

第一節　短線不成務必退場，別變成「長期投資」 *84*
持股歸零，心態也會歸零
短線不成，千萬別告訴自己「長期投資」
方寸大亂時，要壯士斷腕砍光重練

第二節　不動作是思考後的結果，不是放著 *92*
世上沒有「放著，當長期投資」這回事
用長線基本面操作短線，當然賠錢

第三節　股息無法致富，卻能避免踩地雷 *97*
靠股息致富很難，5年發財靠股價上漲
長期投資者先求穩，再求成長
殖利率掉到2%至3%時，出脫持股

第四節　等待不只是美德，是賺錢大絕招 *103*
盤中做決策，就等著被指數玩弄
太早進場買，小心賣在起漲點
嚴守我的「等待原則」，賺一倍「就夠了」

第三章
輸家追求勝率，贏家累積報酬率 *109*

第一節 「成長」才是股價上漲的唯一保證 *110*
近 3 年每年盈餘有 30% 以上，才叫成長
景氣循環股，我只選擇龍頭

第二節 三勝七敗，這才叫投資 *123*
少量試單是犧牲打，也可能挖到寶
80／20 法則中，如何找到關鍵的 20%？
上市櫃試單金額要小，找到關鍵標的後加碼

第三節 複製成功，比記取教訓有用 *129*
看對了 CEO，你沒有買錯，只是買貴了
複製成功經驗，但別誤判成功因素

第四節 雞蛋該放在幾個籃子裡才安全？ *134*
分散或集中？關鍵在於能否全心照顧
「短線交易，少做向下攤平」
四種可動用資金，配置操作各不同
基本面掌握越高，賺越多、風險越小

第五節 你要溫水煮青蛙？還是冷水拔雞毛？ *142*
「放著等解套，不賣就不賠」，大誤！
對虧損容忍度高？更要設停損點
熱愛追逐強勢股？詳細報表不能少

第四章

別人關心停損，我在乎的是停利 *149*

第一節　定期清持股，「賣太早」才好 *150*
我學股神，總是「賣太早」
四個大漲訊號，研判是否該獲利出場
先確認是實質利空或大環境改變

第二節　看到技術性噴出，代表高點已不遠 *156*
確定減碼，就不要受市場貪婪左右
一次性利多消息，股價也會一次反應完畢
看到評等報告二次調升時，就要逢高出脫

第三節　以期望報酬的 3 成，為停損點 *163*
跌、漲都不想賣，這就是人性
「停利」分兩階段進行，可保留 1/3 長期持有

第四節　真假利空怎麼看？是轉折，還是要快跑？ *169*
出現競爭者就是利空？是我懂還是外資懂？
公司成長受挫，出脫持股別捨不得

第五章
別人恐懼我貪婪，怎麼辦到？ *177*

第一節　盤面「最有意義」的3種變化：佯攻、強攻、詐敗 *178*
價量皆創新高，準備強攻
假拉抬，真出貨，特徵是量價背離
留意一次性賣壓，「詐敗」會先蹲後跳

第二節　新手套高檔，老手套反彈 *183*
極端的肥尾效應，其實不極端
「金字塔形」操作者要能預判股價回檔幅度
「倒金字塔形」操作者最忌往下攤平

第三節　危機怎麼入市？兩個關鍵決定 *192*
區域性的災難，請貴國自求多福！
全球性的金融危機，美國隊長會來拯救
危機入市的時點到了沒？從政策來判定

第四節　股市循環末升段，處處是魔鬼的誘惑 *199*
末升段最瘋狂，每天都有強勢股輪番出動
指數反彈到跌幅的 2/3 以上時，準備逃命

第五節　焦慮或沮喪，只能允許 30 分鐘 *205*
　　　　雖有火花，但不會延燒到基本面
　　　　指數跌破季線後，開始彈升
　　　　調整持股比重，強勢股領先反彈

第六節　一籃子股票不等於穩賺不賠 *212*
　　　　穩定收益不等於低風險

後記
股市非零和，人人都能賺大錢 *217*

專業推薦

「簡單操作就賺錢」，翻開書封，這句直白有力的標語立即映入眼簾。坦白說，大俠當初接到出版社邀稿時，對黃嘉斌老師並不熟悉；但能受邀為本書撰寫推薦短語，對我而言實屬榮幸。

通讀全書後，大俠驚喜地發現作者提出的三大核心：「等待—計畫—出手」、「持股比例控管」，以及「以紀律壓制人性」，與大俠長年倡導的水位／位階雙計算、只在恐慌布局、正報酬調節等不謀而合，也讓大俠立即答應此次的推薦短語合作。

我們要知道，震盪必來，恐慌終至，所以學習好好等待機會是一門藝術。黃老師的方法提醒讀者：

1. 平時做好功課：蒐集資料、推演情境，將持股水位維持中性。
2. 等待絕佳時機：當市場陷入恐慌，按照位階果斷加碼。
3. 趨勢起漲後調節：隨水位升高，逐步鎖定正報酬、釋放風險。

如此一進一出，千里快哉風；正所謂「事了拂衣去，深藏功與名」。讀者如果渴望用簡單、可複製的流程，在市場震盪中穩健累積資產，本書將是您極佳嚮導。誠心推薦給每一位想以紀律戰勝人性、以策略迎接豐收的投資夥伴。

——大俠武林

冠軍操盤人黃嘉斌獲利的口訣

　　看完這本書後,發現書中許多獲利心法與技巧,在這十幾年股市的動盪中,依舊沒變。例如作者提到:「當政府對某產業扮演造市者的角色,並制定遊戲規則,就是新戰場。」這也就是我常常跟散戶朋友說的「大猩猩選股法」裡的大客戶——政府,而這背後代表的是訂單與業績的上升。

　　這樣的選股法則,不管是2012年的生技,或是2025年的能源,都是代表「題材+營收」的保證,而這也正是看這本書最大的收穫。對照現在,找出那些不變的投資策略,這本書能在10年後再出新版,代表獲利口訣永不過時!

——《波段的紀律》作者／雷老闆

推薦序
股市投資，
是個性的總考驗

財信傳媒集團董事長／**謝金河**

　　我在資本市場裡已累積了將近 40 年資歷，看著股市的潮起潮落、大戶載浮載沉，以及企業興衰，心中自然有一些想法。

　　首先，資本市場的投資是最科學的博奕遊戲，中國人好賭，什麼都可以賭，小至猜拳，就連打高爾夫球也可以賭，買六合彩、中樂透，或玩梭哈、百家樂。各式各樣的賭法中，靠運氣獲勝占了很大的成分。但是股市投資卻可以透過閱讀、深入的產業研判，進行分析預測，同時也必須研判各種市場消息、國際政經情勢，提高獲勝的機率，這是最科學的博奕遊戲。

　　我看過很多成功的投資專家，他們都很勤於閱讀，喜歡思考，深入分析研究。他們從投資中累積豐富的知識，進而富足了生命，任何卓越投資家的成功，絕無僥倖。

企業面貌是老闆性格的延伸

　　其次，我發現投資是可以從事一輩子的事業。任何一種職業都

冠軍操盤人黃嘉斌獲利的口訣

有年齡的限制,例如職業游泳或拳擊選手,很難超過30歲;打棒球最多也只能打到40歲;即使是公務員,也得在65歲退休。只有投資可以做到生命最後一刻,因為人的身體會逐漸退化、體力會衰退,但只有腦子越用越靈光。

很多著名的投資專家都很長壽,像是日本的股票之神是川銀藏活到了96歲。德國的投機大師安德烈・科斯托蘭尼(André Kostolany)活到93歲,他的名言是,在斷氣之前,還可以下單買賣股票。美國的股神華倫・巴菲特(Warren Buffett)已經九十多歲,但每天仍活力充沛,可見動腦的投資似乎可以延年益壽。

此外,投資是最高段的智慧競技場,是人性、個性的總考驗,以人出發,往往是決定勝負的重要關鍵。例如,**一家企業的經營面貌是企業創辦人性格的延伸**,像是鴻海就充分反映出郭台銘的意志;台積電滿滿是張忠謀的影子;台達電充分體現鄭崇華的篤實精神;華碩則展露了施崇棠的靈巧,所以投資選對老闆,經常是第一件大事。

在貪婪與恐懼中,找到平衡點

投資人要能在股海中勝出,必須有很好的EQ,做好情緒管理,尤其要在無知、貪婪與恐懼中找到一個平衡點。最近有空翻閱一下科斯托蘭尼總結的投資十誡,在此列出來給大家參考:

1. 不可跟隨別人的主意與點子,不要想偷聽祕密消息。
2. 不要相信賣方知道他們為什麼要出售,或者買方知道他們為

什麼要買進,也就是說,不要覺得他們知道的比你更多。
3. 不要死心塌地的想把損失追回來。
4. 不要回望以前的股價。
5. 不要躺在你的股票上面睡大覺,不要只是期望它能達到一個較好的價格而忘記它,也就是說,不要不做決定。
6. 不要不間斷的追隨股價的每一個微小變化,不要對每個風吹草動都做出反應。
7. 不要不斷的結算盈利或虧損數字。
8. 不要只在有利可圖時才賣掉股票。
9. 不要情緒化的受到政治好惡影響而立即反應。
10. 不要過於自負,即使你已經有了獲利。

上述投資十誡,其實很像這回黃嘉斌在他的書中,用了很多小事例,來告訴讀者有關投資的事,譬如他提到「短線不成務必退場,別變成『長期投資』」、「不動作是思考後的結果,不是放著」、「你要溫水煮青蛙?還是冷水拔雞毛?」,都是很精準掌握投資心理的篇章。

我喜歡閱讀黃嘉斌趨勢判斷的文章,**每一次他的文章在《先探》刊登,我都會率先翻閱**。他是一位冷靜理智,又勤快做足功課,還能以敏銳智慧判斷趨勢的卓越投資專家。

這次黃嘉斌進一步把他逾 30 年的投資心法,濃縮成 26 篇發人深省的文章,這會是投資人淬鍊投資智慧的一部寶典。

自序
靜待貪婪的時機

　　2018 年，我與智富學堂合作推出的「養股私房班」，是我第一次系統化的分享過往二十餘年的投資心得，這一套投資邏輯幫助我避開多次股災，包括 2008 年的金融海嘯。課程分為 16 個單元，並教授預測接下來兩次景氣（股市）轉折點的方法。

　　3 年後，加權指數在 2022 年 1 月創下 18,619 點的高點，結束多頭循環轉折向下，同時該年也是臺灣近 40 年來，首次經濟成長率表現低於全球平均。2018 年課堂上的預測，事後在此得到驗證。

　　就在這時，大是文化副總編輯惠君捎來訊息，希望我能將過往對於循環預測的研究彙整出版。我也期盼能將這些心得分享予讀者，若能配合新一波行情的啟動之前上架更具意義。於是，我加快腳步，花了 3 個月完成《台股大循環操作術》（大是文化出版），書中具體陳述了推估的邏輯與主要依據的變數，並敦促出版社在 2022 年底前上架，希望能幫助有緣讀者搭上這波行情。在該書即將出版之際，我受邀擔任財金文化與期貨交易所共同舉辦的「2022 年投資趨勢論壇」的主講人，當時，我就開門見山的指出修正底部已到，建議投資人可以開始積極擇優操作。

　　2022 年 10 月至 11 月間，行情如預期的啟動，21 個月後，在 2024 年 7 月首次出現敗象，接著 2025 年初開始不斷示警，行情似走

冠軍操盤人黃嘉斌獲利的口訣

入科斯托蘭尼雞蛋賣出區域的右端（即成交量委縮，見圖表0-1），加上各家預測機構都顯示2025年國內生產毛額（Gross Domestic Product，簡稱GDP）的表現不如2024年。從過往驗證幾乎意味著2025年為空頭年，因此更加保守看待行情走勢。

【圖表0-1】科斯托蘭尼雞蛋理論

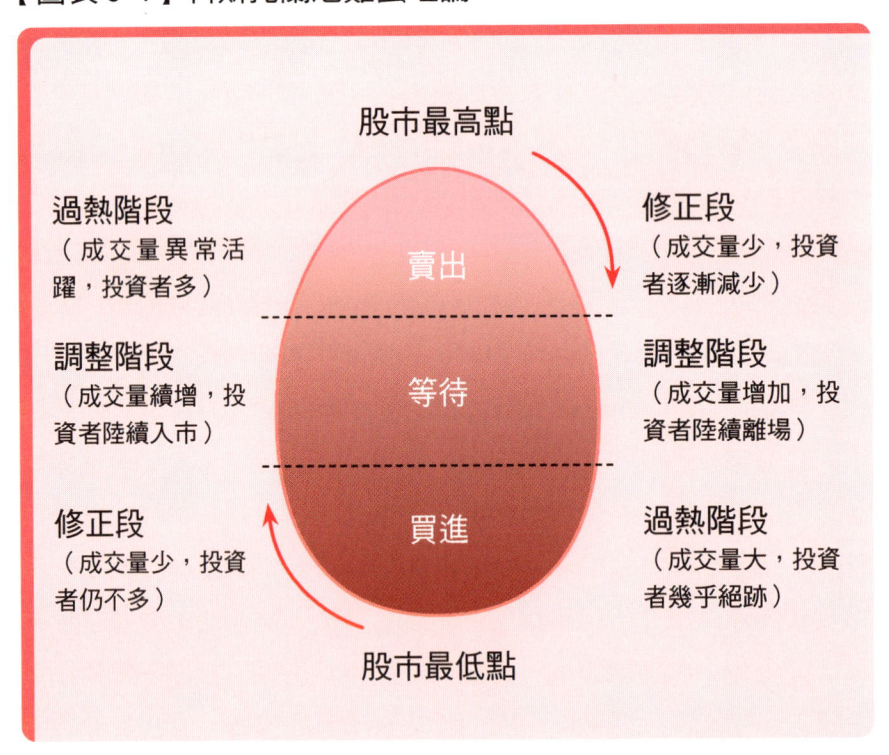

股市最高點

過熱階段（成交量異常活躍，投資者多）

修正段（成交量少，投資者逐漸減少）

賣出

調整階段（成交量續增，投資者陸續入市）

等待

調整階段（成交量增加，投資者陸續離場）

修正段（成交量少，投資者仍不多）

買進

過熱階段（成交量大，投資者幾乎絕跡）

股市最低點

大多數人都將這次崩跌歸咎於美國總統唐納‧川普（Donald Trump）的關稅政策，甚至對於後續行情的研判，都糾結於其言論、政策等。但舉凡一個重大轉折的出現，背後都是醞釀已久，只

自序：靜待貪婪的時機

是欠缺引爆點，應該換個角度分析真正的核心，回到問題根源，也就是目前的「背景」——全球經濟存在泡沫嗎？地緣政治會再擴大？通膨是否有再起的可能？還有美國政府債臺高築還有多少承受度？釐清這些問題後，未來的趨勢應該就更加清晰，也能認清川普只是扮演點燃導火線的角色，關鍵在於導火線的另一頭是否連結到火藥庫。

接著再進一步思考，川普政府到底想要什麼？想扭轉什麼？這樣的改變將會帶來怎樣的影響？這些也是各國應該要正視與提出因應對策的地方。

姑且不論目前已對股市造成的衝擊，從經濟內涵上分析，匯率是一個交集點，至少可以確認的是，美元走貶但控制在不至於危及全球儲備的地位，已是不可逆的方向。縱使臺灣長期仰賴出口，數十年長期低估的匯率，也到了必須忠實面對與調整的時候。

所謂「七年之病，求三年之艾」，2008年發生的金融海嘯可以歸咎於當時的聯邦準備理事會（Federal Reserve Board，簡稱聯準會）主席艾倫‧葛林斯潘（Alan Greenspan）所創造出的「非理性繁榮」（Irrational Exuberance）。如今17年過去，又到了經濟學家口中的「房地產循環」的收縮期。雖然這次美國房地產泡沫並不算嚴重，但由於上次金融海嘯的經驗，使得美國投資人在房貸選擇上，傾向固定利率以規避風險，因此在這次升息的狂潮下受傷甚微，也只有極少數金融機構（如矽谷銀行〔Silicon Valley Bank〕）因自身錯誤的經營策略導致破產。

再者，鎖定效應抑制了中古屋的供應量進入市場，而供給的減少反而造成房價上漲。這使得**原本應受高利率直接衝擊而下跌的房**

冠軍操盤人黃嘉斌獲利的口訣

價，不僅未如預期，反而逆勢上揚，穩定了房地產市場。

這兩大因素支撐了房地產市場，使其未走向泡沫化崩盤，更重要的是，避免了其風險蔓延至貨幣市場，引發如同 2008 年金融海嘯般的「流動性陷阱」（liquidity trap）和「現金偏好」困境，進而重創經濟。而房地產所對應的金融債券對經濟的巨大影響，也解釋了市場為何將中國持有的七千多億美元美債稱為「金融核彈」，一旦人為非理性拋售（無論原因）導致債券市場失序崩盤，對全球經濟的衝擊將是股市的數倍。

我在 2014 年初次出版《冠軍操盤人黃嘉斌獲利的口訣》，當時距離金融海嘯已有 6 年，從 10 年景氣循環週期來看，股市已逐漸進入不宜矇著眼全面做多的階段，我在書中以「選股不選市」作為最後一章主要總結，便是給讀者的操作建議。我撰寫此書目的主要是想提供讀者在股市操作、面臨困境時，可以有參考的思維方向。

2025 年，在最近股市重挫後，有些投資人想要搶反彈（接空中掉下來的刀子），但這樣的做法，真的適合現在的市場環境嗎？該考量的條件有哪些？或者該做好怎樣的準備（有沒有準備夠厚的手套接這把刀）？還有這次的「川普風暴」應該怎樣看待？該視為全球性風暴，還是區域性的事件？

假如是區域性危機（如 1998 年東南亞金融風暴），處於受害區域者只能自求多福，不用期待有人會來救你。就像歐豬五國（按：PIIGS，對歐債危機中五個負債累累的國家的貶義稱呼，它們分別是葡萄牙、義大利、愛爾蘭、希臘和西班牙）事件，雖然未波及其他區域，但身陷其中的國家，如希臘，便受創極深，花了很長一段時間才復原。

自序：靜待貪婪的時機

但若屬於全球性風暴則不用太擔心，美國隊長會出來拯救大家，2008年金融海嘯便是如此，只要關注美國聯準會的動作與決心即可。當時雖然過程中股市修正幅度很大，但僅花費12個月，無論是指數、GDP都回到風暴前，彷彿一切沒有發生。

不過這次引發的全球性風暴，似乎有別於前兩次，雖然同樣屬於全球性的衝擊，但與以往不同的是，這次美國隊長不願意再擔任正義使者、國際警察（即義務、免費）的角色，反而轉變為需要「付費」的「保全」、「傭兵」，少了道德等普世價值，變成為「商業行為」的利害關係盤算。各國政府應該要認清現實，轉換角色，精算如何談判出好（有利）的交易，還有用怎樣的方式（型態）去支付。

關稅不僅僅是簡化的經濟手段或公平性問題，其背後交織著匯率、國防安全、貿易障礙等多重考量。正如張忠謀先生所指出，台積電已然成為全球競逐的焦點，全球化與自由貿易的時代或已終結，地緣政治衝突將日益加劇。由此觀之，**關稅引發全球性連鎖反應的本質，已非單純重演17年前的經濟泡沫危機，而是與台積電所處的困境有著異曲同工之處。**

面對這個浸淫三十餘年的股市，如果問我這次的川普風暴該如何解決？我無法給出具體答案，但若問該如何面對這次的股災，我的答案是，「時間」便是最佳的解法。

我很喜歡《雙城記》（*A Tale of Two Cities*）的開場白：「這是最好的時代，也是最壞的時代。」股市不會永遠下跌，長遠來看，經濟總是成長（除非人類自取滅亡）。**面對難得的修正，是為了帶給我們下一次便宜進場的機會。**

冠軍操盤人黃嘉斌獲利的口訣

巴菲特總愛說危機入市、在別人恐慌時貪婪。**就在這個時間點，本書改版**，內容包含如何做到「別人恐懼我貪婪」、如何建立自己的獨特看法，更重要的是學習「等待」，讓自己賺到更多的報酬。**希望透過這本書，可以讓讀者從容迎接下一波的行情。**

在這提醒讀者一件事，投資之途本無帝王之路，沒有捷徑，除了認真充實自己、做功課之外，更重要的是培養思辨能力，資本市場上充斥著對錯混雜的訊息，看似縮短訊息傳遞時間的通訊軟體，須辨別究竟是 LINE？還是 lie？莫讓這些四處流竄的「小作文」，混淆你的投資步調。

最後，留給讀者幾個股市修正時期的魔術數字—11、13（請參閱《台股大循環操作術》〔大是文化出版〕第 1 章〈下一個台股循環，即將展開〉），至於這次從 2022 年 10 月啟動的行情見頂時間，可能是 2024 年 7 月（21 個月的擴張期），或者 2025 年 1 月，兩者搭配後再耐心觀察時間接近時，是否出現重大事件，例如**企業盈餘成長率的低點浮現，或者通膨已可控等，那麼應該就是可以開始貪婪的時候了。**

投資學堂

鎖定效應（Lock-In Effect）

在美國聯邦住房金融局（Federal Housing Finance Agency，簡稱FHFA）的研究論文（Working Paper 24-03：The Lock-In Effect of Rising Mortgage Rates）提供一個合理的解答：

人們在進行適當的財務調整時，可能會受到「鎖定效應」的限制，例如無法搬家、更換工作、出售股票、重新配置投資組合、轉移金融帳戶、調整保險政策、轉移投資收益或繼承財產。這些摩擦因素——無論是制度性、法律性、個人性，還是市場驅動的——往往被忽視。住宅房地產就是最典型的例子。

在美國，幾乎所有5,000萬筆有效抵押貸款都採用固定利率，而且大多數的利率遠低於現行市場利率，進而抑制出售。

每當市場房貸利率比現行貸款利率（貸款起始利率）高出一個百分點時，出售房產的可能性會降低18.1%。這種抵押貸款利率的鎖定效應，導致2023年第4季固定利率房貸的房屋銷售減少了57%，並在2022年第2季到2023年第4季期間阻止了約133萬筆房產銷售。供應的減少使房價上漲了5.7%，超過了高利率帶來的直接衝擊（房價下降3.3%）。

第一章

我這樣選股，
一年獲利76.3％

冠軍操盤人黃嘉斌獲利的口訣

第一節
「有些股票是用來看的，不是用來買的」

記得剛投入股市時，常聽到一些老手會在盤勢不明時說：「如果台塑（1301）不能漲到○○元，大盤就準備要拉回了……。」言下之意，好像台塑得漲上去，不然大盤指數就要跌下來，這樣才符合「股市倫理」。

當時雖然不是很清楚那些老手為什麼這樣說，不過，我發現在一些重要的位置區，加權指數和台塑的股價確實有著微妙的關係。這樣的關係在1995年以前可供參考，至於近年來最常被提及的，就屬台積電（2330）了。

現在想想，其實原因很簡單，就是「權值」的觀念罷了。在一、二十年前，除了銀行股外，台塑所占的權值最大，台塑的股價走勢當然攸關加權指數。尤其它是塑化產業的龍頭，更左右國內的經濟。

時至今日，台塑已被台積電取而代之，台積電與加權指數的關聯度自然最高，但是兩者之間有時還是會出現短期的背離現象，此時不是龍頭權值股先拉回，就是指數會跟上來。這**在象徵權值意涵的ETF（Exchange-Traded Fund，指數股票型基金）上，也具備同樣的現象。**

第一章：我這樣選股，一年獲利76.3％

投資學堂

什麼是權值股？

台股的加權股價指數，是以上市股票的發行量作為權數來計算股價指數，樣本為所有掛牌交易中的普通股。計算公式為：指數＝當期總發行市值÷基值×100，當期總發行市值為各採樣股票價格乘以發行股數所得市值之總和，因此「發行股數」與「股價」在大盤占大宗的公司，占指數的權重就越高，這就是典型的權值股。

股本較大的股票對指數的影響，會大於股本較小的股票。大型股的權值比重在台股中占了8成以上，至於前百大公司的權值比重則占台股的9成之多，所以後來都以概括性的通稱前幾十大的股票為權值股。

下表是台股權值最大的前15家公司。

排名	公司名稱	股票代號	市值占大盤比重
1	台積電	2330	36.4097%
2	聯發科	2454	3.3434%
3	鴻海	2317	3.0394%
4	富邦金	2881	1.7813%
5	中華電	2412	1.5534%
6	廣達	2382	1.4245%
7	台達電	2308	1.3395%
8	國泰金	2882	1.3269%
9	中信金	2891	1.1943%
10	日月光投控	3711	0.925%
11	聯電	2303	0.8777%
12	兆豐金	2886	0.8658%
13	玉山金	2884	0.7%
14	長榮	2603	0.6913%
15	統一	1216	0.6748%

資料來源：臺灣證券交易所，參考截至2025年4月30日的資料。

冠軍操盤人黃嘉斌獲利的口訣

權值股的漲跌，會影響加權指數起落

從指數來看，的確可以找到相對應高權值的個股，或是以ETF當成指數的參考。有些專門賺取套利的外資，會利用兩者間的關係做一些價差交易，要特別提醒投資人的是，這需要大額度的資金，還得透過槓桿倍數放大才能達成。

多數時候，這些高權值公司只是用來看的，不是用來買的，例如透過股價倫理的評估方式，去觀察大盤走勢，這些公司都可以成為重要的參考指標。

在某一產業中，通常規模較大、較知名的公司評價（本益比〔Price-to-Earnings Ratio，簡稱PER，見第162頁〕及股價淨值比，〔Price Book Ratio，簡稱PBR，見第121頁〕）應該要高於較小型的公司。比方說，當富邦金（2881）的評價高於國泰金（2882）時，就是改變了股價倫理，其背後必然有特殊原因，檢視這幾年兩家公司的獲利水準及成長性，確實富邦金表現優於國泰金（2025年第1季富邦金EPS〔Earnings Per Share，每股盈餘〕為3.01元，國泰金為2.17元），因此評價已逐漸追上國泰金。

此外，投資實務上一直存在著「指標股」或是「指標產業」等，這些就好比是領頭羊，只要有領頭羊存在，就會帶領整個族群行進的方向。一般來說，領頭羊都是在族群中經過激烈競爭後的勝出者，例如提到半導體業的領頭羊時，自然會聯想到台積電，其他產業如光學鏡頭教父的大立光（3008）、IC設計的聯發科（2454）、航運業的長榮（2603）、陽明（2609）等，都是投資人論及該產業時的首要聯想。

第一章：我這樣選股，一年獲利76.3％

【圖表1-1】各族群類股中的領頭羊基本資料

公司名稱	股票代號	主要營收	每股盈餘（元）
台積電	2330	晶圓代工	2024年第2季：9.56 2024年第3季：12.55 2024年第4季：14.45 2025年第1季：13.95
	週線圖		
大立光	3008	光學元件	2024年第2季：33.7 2024年第3季：49.67 2024年第4季：65.01 2025年第1季：48.28
	週線圖		

冠軍操盤人黃嘉斌獲利的口訣

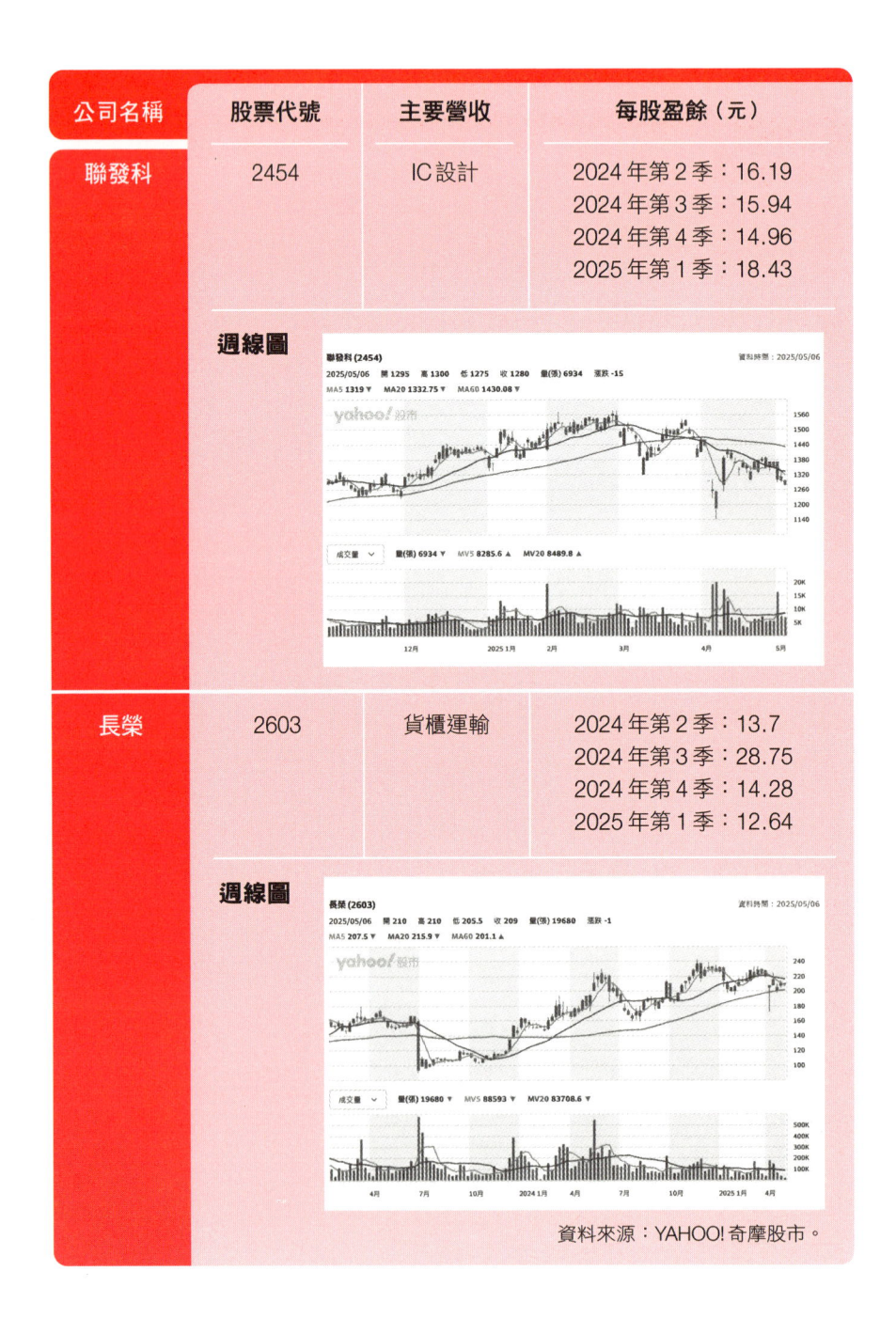

公司名稱	股票代號	主要營收	每股盈餘（元）
聯發科	2454	IC設計	2024年第2季：16.19 2024年第3季：15.94 2024年第4季：14.96 2025年第1季：18.43

週線圖

| 長榮 | 2603 | 貨櫃運輸 | 2024年第2季：13.7
2024年第3季：28.75
2024年第4季：14.28
2025年第1季：12.64 |

週線圖

資料來源：YAHOO!奇摩股市。

扮演領頭羊的，有時是最大的權值股，有時是某特定產業或個別公司，這些都有不同的意義，我們先從最大的權值股談起。

請試想一個情境：如果台積電連續兩天都跌停的話，台股加權指數會如何表現？首先，台積電約占大盤權值 36.4097%（2025 年 4 月 30 日）的比重，假設加權指數來到 20,000 點的位置，那麼台積電一旦跌停板，將立即影響加權指數 728 點（20,000 × 36.4097% × 10%〔最大漲跌幅規定〕＝ 728 點）。

此外，當重量級的公司股價出現異常，勢將引發市場疑慮，進而產生連鎖賣壓的反應。如此一來，當日加權指數百點以上的跌點是起碼的水準，這是指標股對應加權指數的例子。

「高價股回檔，往往大盤也準備轉向」

再者，其他個別公司對應到個別產業，同樣也會有這種關聯性，只是關聯性比較複雜。

以大立光為例，這家公司本身即代表著多種意涵，包括高價股龍頭、光學鏡頭產業龍頭、高階手機應用重要零件供應商與基本面的代表等，將這些關聯性串在一起後，可以進一步解釋，當大立光的股價維持不墜或是緩步上漲時，第一個意涵往往顯示出，大盤偏向或者仍延續多頭的行情。因為從現象面反推多頭的表象，至少呈現出兩項具體的事實：一是除權行情，另一個則是股王爭霸戰（高價股迭創新高）。

第二個意涵則表示高階市場應用持續進行中，而且技術仍有發展的空間，也可以據此概略判斷，該產業不至於陷入殺價競爭的紅

冠軍操盤人黃嘉斌獲利的口訣

海中。

最後，還有一個非常重要的意涵，就是投資人最關心的加權指數轉向訊號。**當高價股出現回檔的時候**，投資人必須非常小心，因為這**很可能是大盤要開始轉向了**，尤其是在行情的末端，**最常出現的就是高價股或指標股「補跌」，成為壓垮大盤的最後一根稻草**。

一般而言，行情在轉向（由多翻空）的初期，一些個股陸續轉空，因此投資人往往會把資金集中到高價股或指標股，由於籌碼集中化，使得本益比不斷攀升到最後無法承載過高的股價。

這時假若大環境仍佳，景氣在上升階段，資金也源源不絕，公司的基本面還是往正向的發展，那麼即便股價偏高，最終也能隨著時間逐步消化，獲利亦有機會同步提升。

不過，若是公司成長停滯或者獲利低於預期時，當有人開第一槍賣出，就很容易引發多殺多的效應，而這也是資金流向循環的最末階段。

「不一定要買股王，但要觀察領頭羊」

前面的例子都是以優質、具代表性的公司作為領頭羊，但是，千萬不要忽略了領頭羊也是投機性的指標。當市場上股價活潑的公司都是一些中小型股，或是以轉機為題材，卻缺乏具體數字證明的股票在表演時，投資人就要特別注意了。一般來說，這就是**空頭行情**的表象，因為**籌碼（多為主力著墨）與消息當道，充滿投機性**，投資人此時應該有所取捨。

在投資操作上，人人都希望能站在浪頭之上，提前掌握下一

第一章：我這樣選股，一年獲利76.3％

投資學堂

「永遠要注意今年股王誰來當」

在台股歷史上，股王、股后屢次更迭，大部分都是由電子股勝出，只是對於一般投資人來說，其實也無須搶搭股王列車，畢竟爬得越高，一不小心就會跌得越重。

台股股價排名前10名公司。

排名	股名	股票代號	股價（元）
1	信驊	5274	3,550
2	力旺	3529	2,555
3	世芯-KY	3661	2,275
4	緯穎	6669	2,125
5	大立光	3008	2,110
6	川湖	2059	1,855
7	祥碩	5269	1,750
8	旭隼	6409	1,510
9	聯發科	2454	1,280
10	嘉澤	3533	1,275

資料來源：臺灣證券交易所，參考截至2025年5月6日的資料。

波浪潮與趨勢的動向，以便及早布局，再被推上浪頭，而且最完美的就是在行進間再跳上另一個浪頭，一波接著一波，完美銜接，但這恐怕很難做到。現實的情況是，預先等在大浪之前都有困難了，所以只好退而求其次，去觀察行進間的大浪，只要這個波頭還沒結束，後面跟隨的小浪就不會結束。

冠軍操盤人黃嘉斌獲利的口訣

投資人不一定要持有領頭羊的公司股票，因為有些股票是用來看的，不是用來買的，在浪頭的更迭間觀察出趨勢變化，將更有助於投資策略的擬定。如果認真檢視個人投資的成敗，一定可以發現自己在某些特定的行情模式或性質的個股上，勝率似乎比較高，那就要好好把握這類浪頭出現的時機。

在三十餘年的投資生涯中，我從來沒有買過「股王」，卻不斷嘗試著預測有哪些公司將成為股王或股后。畢竟，持有最貴的股票與漲幅最大的股票，不見得會對自己的投資獲利有最大的貢獻，但是預測股王或股后會出現在哪裡，進一步觀察領頭羊的走勢，卻是選擇投資策略與標的非常重要的一環。

【黃嘉斌的獲利重點】

1. 高權值公司多半是用來看的，不是用來買的。
2. 高價股回檔，小心大盤開始轉向。
3. 股價活潑的都是中小型股或缺乏實據的轉機股，可能是空頭行情的表象。

第二節
遇到悶行情，用情境模擬

從1945年起，全球工業對石油的需求開始增加，一直到1973年石油危機發生之前，每年平均6％至7％的成長趨勢才中斷，當時的石油業者將一切視為理所當然，從未想過會有意外狀況發生。因此，業者在做產能規畫時，也以每年6％至7％的成長率作為計算基礎，就算當年度的實質成長率低於6％至7％，業者也鮮少修正，只是在次年度進行微調而已。

但是自從石油危機出現後，需求成長的趨勢發生了重大改變，不再呈現穩定，甚至還出現連續3年（1974年至1976年）的衰退。儘管如此，石油業者卻彷彿視而不見，沒有立即做出產能調整的應變，反而拖到1980年才將產能調整到實際需求的水準。結果在產能過剩的這段期間，這些石油業者損失了好幾十億美元。

不過，有家公司倒是例外。

殼牌石油（Shell USA，世界第二大石油公司殼牌〔Shell plc〕設在美國的跨國石油公司）在1960年代，對傳統的市場預估模式有所質疑，於是開始規畫「情境模擬」的研究，因此能在1970年代至1980年代及早採行應變措施，進而大幅超越整體產業的表現。這是情境模擬在實務界獲得成功的案例。

冠軍操盤人黃嘉斌獲利的口訣

情境模擬不能偏向某一方

再將時空轉到當今的股市上，**資本市場經常出現的「不確定性」**，正是股市的重要特質之一，所以**非常適合採行情境模擬來做決策**。

對於一般可以預期的市場走勢，採行傳統的決策模式便足以因應，在操作上只要順勢而為就行，問題是，當股市面臨趨勢與方向都不明時，投資人又該怎麼辦？若還是採行原有的決策模式，就如同賭博或押寶一般，萬一賭錯邊、站錯方向了，就會全盤皆輸。

我的經驗是，當市場趨勢未明，或是真的看不懂行情怎麼走時，就是採用情境模擬的最好時刻。

情境模擬屬於策略管理的一環，若真要探討其中的學理，裡面涵蓋許多複雜的模型、數學運算，那就太過複雜、也沒此必要。我們利用這個方法，主要是取其精神與原則，將它實際應用在股市的投資決策中。

首先，在制定決策時，不可以偏向某一種情境，例如主觀偏向看多、看空或者橫盤整理。其次，針對擬定好的情境，提出賣出標的或賣出計畫。此外，要記住一個原則：採行最終決策的時候，要兼顧所有可能發生的情境，絕對不可以做出對某個情境特別有利或特別不利的決策。

接下來，我以2012年9月底、10月初的那段行情為例，進一步說明該如何採行情境模擬策略（見右頁圖表1-2）。

2012年9月底，台股加權指數在創下7,785點的波段新高後，出現緩步回檔的跡象，如果從同年6月的低點6,857點起算，也有

第一章：我這樣選股，一年獲利76.3％

近1,000點的彈升。投資人都想知道，行情會就此結束，或者這只是「中點」，等休息後會再往上走？

尤其時序進入10月又接近年底，所以市場偏多的期望也大大增加。有些投資人認為台股會拉回整理後再往上爬，有些人卻抱持看空的想法，也有人認為盤勢會持續整理……一時間，市場眾說紛紜，各種看法皆有其擁護者，此時的你該怎麼做？

【圖表1-2】2012年6月至2012年10月台股加權指數週線圖

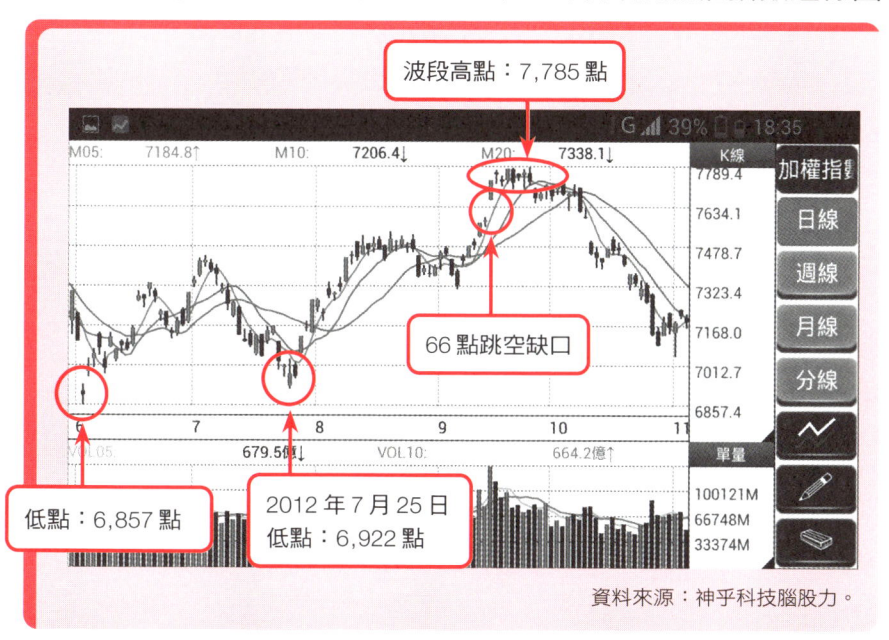

資料來源：神乎科技腦股力。

下決策前，先調整持股成數

面對混沌不明的盤勢，這時就要採行情境模擬來因應。首先，擬定時不可以對這三種方向的其中之一有所偏好，以免影響決策。接著，針對三種可能的走勢，提出綜合性的對應策略。

實際執行的第一步，是分析加權指數結構。以2012年的反彈行情（因為長線仍屬空頭走勢不變）來看，有兩個重要轉折（見上頁圖表1-2）：第一個轉折是指上升階段，指數在波段起漲點及出現跳空的強攻點，即2012年7月25日的低點6,922點、9月6日的7,313點，再加上9月14日第3季的66點跳空缺口。這三個位置在指數回跌時，也會成為支撐區。

第二個轉折是預測指數向下修正時，可能出現的支撐位置，即為2012年9月20日的高點7,785點回檔0.382與0.618（黃金分割率，請見右頁說明）的指數位置，分別為7,455點、7,252點，再加上月線在7,667點這裡，換言之，可以得到一個小結論：指數若是回跌，7,667點、7,668點、7,455點及7,252點都會出現支撐區，也就是說，7,400點至7,500點附近會是一個重要的決策點。由於界定是空頭的反彈，所以有回測起漲點的可能，即7,000點的位置區。

分析結構之後，在擬定決策前，得先調整持股成數。一般來說，**當大盤上漲500點以上，出現量縮整理，通常表示整理過後即將變盤**。如果對於後勢的走向不明確，多空之間勢均力敵，而且加權指數還在7,600點至7,700點，那麼就應該檢視持股水位，優先賣掉短線標的，將持股降至5成左右的中性水準。

第一章：我這樣選股，一年獲利76.3％

> **投資學堂**
>
> ### 什麼是黃金分割率？
>
> 　　黃金分割率是一種常見的技術分析，主要包括「0.618」和「0.382」這兩個數字，又稱為黃金比率。著名的波浪理論大師拉爾夫・艾略特（Ralph Elliott），把黃金分割率放到波段漲跌幅的預測中。
>
> 　　簡單來說，就是當大盤上漲時，漲勢會在漲幅到達38.2%和61.8%附近出現壓力，然後反轉向下；大盤下跌時也一樣，跌勢支撐會在跌幅到達38.2%與61.8%左右出現支撐，然後反轉向上。
>
> 　　不過，黃金分割率僅供參考，不一定完全正確。以台股為例，1984年左右起漲，指數從600點上升到12,621點，漲幅約為2,100%，再從12,621點大跌到兩千多點，低點是高點的23%左右。另一個例子在2007年，指數從9,800點下跌到7,500點，跌幅約為23.47%，也不符合黃金分割率，所以黃金分割率可以參考，但別盲目相信。
>
> 資料來源：溫國信所著的《存好股，我穩穩賺！》（大是文化出版）。

三種情境下，該加碼或觀望？

　　至於該怎麼調整持股？建議可以模擬加權指數三種走勢的情境，通盤考量如下：

● **情境一：指數開始回跌修正**：若指數拉回至7,400點至7,500點時，可以增加2成持股，若反彈突破7,785點的高點，可以再

冠軍操盤人黃嘉斌獲利的口訣

加碼2成（屬於搶短線的性質）。一般而言，指數位於重要支撐區時，出現反彈的機會很大，縱使沒有反彈，也會呈現止穩，此時加碼買進，風險不大。

此外，若指數轉折上漲，突破7,785點波段高點，就表示可能重啟行情，因此可以追價。即使是假突破，因為在7,400點至7,500點曾經加碼，所以此時將追高的部分加上低接部分的持股反手賣出，也不至於出現虧損。不過，如果盤勢疲弱、下跌，就不能繼續往下承接，必須等到接近7,000點（波段的起漲點）時，才可以再做一次加碼，約增加2成部位。

• 情境二：指數開始上漲：指數還沒有拉回至7,500點附近就上攻，此時若直接突破7,785點，可以追價買進，增加2成至3成持股。之所以能勇於追價，是因為手上原有5成低價的持股，不至於造成「倒金字塔形」（請見第五章第二節詳細說明）的持股結構。但要留意的是，後續追價增加的持股中，要有做「短線」的心理準備，畢竟這部分的持有成本相對比較高。

• 情境三：指數繼續整理：若是持續整理，就不應該增加持股，宜採觀望的態度因應。這時候多花一些時間觀察盤面上個股強弱的變化，或是各個產業族群的輪動關係，將有助於研判大盤未來的走勢。

要特別提醒的是，上述將情境模擬運用在投資上，主要是針對大盤處於不確定、加權指數陷於混沌未明的情況下，所提出的因應

第一章：我這樣選股，一年獲利76.3％

方法。它著重在持股比例的部位控管，並不涉及影響投資報酬率的另一個要素——選股。

此外，投資是需要取捨的，特別是在資源有限的前提下，個人投資角色的「定位」，如交易員、長期投資者、投機家等，就是這個標準取捨的起點。一個完整的操作模式，還有許多因素必須納入考量分析，這裡只是先就持股水位來說明。

【圖表1-3】倒金字塔形的持股結構

當持股數量多為高價標的時，投資人可以運用的資金將越來越少，形成倒金塔的結構。

【黃嘉斌的獲利重點】

1. 當市場趨勢未明，或看不懂行情怎麼走，就用情境模擬。
2. 制定決策時，不可以主觀偏向看多、看空或者橫盤整理。
3. 情境模擬著重在持股比例的部位控管，不涉及選股。

冠軍操盤人黃嘉斌獲利的口訣

第三節
「輸家不是看錯方向，而是沒有看法」

美國在 2008 年發生房利美（Fannie Mae）與房地美（Freddie Mac）引起的次貸風暴，巴菲特卻一路逢低買進股票，結果在當年度的股東會上，他向股東們公開認錯：「我錯判情勢，買太早了！」至於傳奇的基金經理人彼得‧林區（Peter Lynch），則是在 2000 年網路泡沫即將破滅之際，公開向投資大眾承認，他錯估了網路產業的成長性。

這兩位股神都在景氣、產業出現重大轉折前，勇於承認原先的看法是錯的。在巴菲特認錯後不久，美股便落底接著走高，展開一波大多頭的行情；而彼得‧林區在認錯後不久，網路泡沫也正式破滅，但是指數修正得相當快速，即使彼得‧林區看錯了，我想他應該也不會淪為市場上的最後一隻老鼠。

大師也會看錯，重點是：你有看法嗎？

我要說的是，就算身為投資大師，仍不免俗的會在重要時刻錯估行情，但是無論如何，那兩位大師的地位，迄今仍在投資人的心目中屹立不搖。

已故的德國證券界教父科斯托蘭尼說得好：「明智的投資者都

第一章：我這樣選股，一年獲利76.3％

有想法，至於想法是正確，還是錯誤，開始時無關緊要，重要的是必須三思而後行。」他也曾為投資下一個註腳：「投資是一門藝術，不是科學。」換句話說，既然投資是藝術，就無法透過精密的計算預估；既然行情的研判充滿著不確定性，那麼三思而後行，重視整個決策的過程，自是更加重要。

這幾年來，全球股市經歷過金融風暴的大調整，使得行情詭譎多變，基本面、消息面、資金的快速流動，讓多空消息並陳，往往造成了投資人「看對做錯或是看錯做對」，這時候的最大輸家，並非是看錯方向的人，而是自己沒有看法的人，因為缺乏中心思想，就容易隨著盤面起伏來追高殺低，或是追逐市場吹捧的個股，結果累積許多小虧後，反倒成了大輸家。

相反的，心中有定見的投資人，可以隨著既定方向去掌握盤勢，縱使實質的斬獲有限，至少可以保本、全身而退。畢竟在不上不下的行情中，獲利本來就不是一件容易的事。

從「量變」轉為「質變」，想像空間變大

舉個例子，2009年4月29日收盤後，市場上傳來中國移動將入股遠傳電信的消息，如果此事當真，兩岸的合作關係將進入新紀元，卻也象徵著源源不絕的中資會進駐台股，勢必掀起一股如同當年香港回歸大陸時掀起的資金潮。這樣一來，台股也會從「量變」轉為「質變」，後市想像空間就會無限大了。

果然，隔天（2009年4月30日）台股加權指數大漲378點，漲幅為6.68％，台指期更破天荒的首次出現漲停現象（見圖表

冠軍操盤人黃嘉斌獲利的口訣

> **投資學堂**
>
> ## 中國移動擁有中國60％以上的市占率
>
> 　　中國移動即指中國移動通信集團公司，其市占率不僅是中國第一，也擁有全球第一的行動通訊網路規模和客戶規模。截至2024年10月，中國移動使用者總數為10.04億戶，在中國的市占率達到60％以上。
>
> 　　此外，中國移動連續多年入選《財富》（Fortune）雜誌的世界500強企業，2024年排名第55位。旗下的中國移動有限公司在香港上市，根據《富比士》（Forbes）資料顯示，中國移動有限公司是在香港註冊的公司中，市值排第3的公司。

1-4），令整個市場傻眼，法人、個人都只能望股興嘆，那一天是星期五，也是4月的最後一個交易日。當下我立即搜尋哪支績優股尚未被漲停鎖死，同時迅速在它漲停前一檔掛進大筆買單（因為自營商不能對上市股用漲跌停買進賣出），結果，就在收盤的最後一筆交易，很幸運的全部成交大立光（3008）這支股票。

　　接著在星期六、日兩天，我不停翻閱、搜尋相關報導，思索、模擬著下星期一開盤可能出現的情況。當時我是綜合券商的投資處主管，負責集中市場的股票投資，旗下共有4位操盤人，於是就在星期日分別致電給他們，取得該事件並非一次性的利多，而是重大趨勢改變的共識。

　　於是，我要求收回尚未使用的授權部位集中管理，在徵得幾

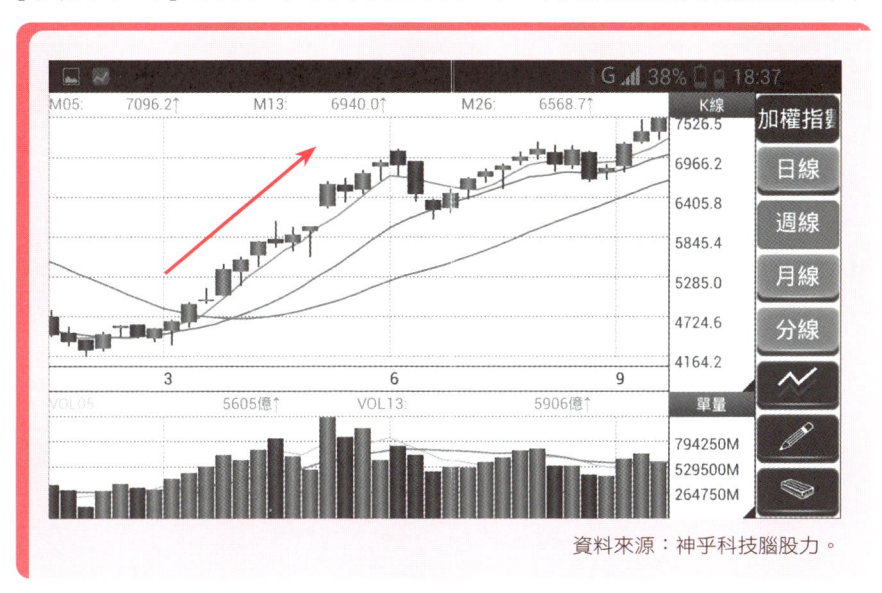

第一章：我這樣選股，一年獲利76.3％

【圖表1-4】2009年2月至2009年8月台股加權指數週線圖

資料來源：神乎科技腦股力。

位操盤人的認可下，選出大約五十餘檔標的，決定在下星期一不計價買進，採取「管量不管價」的方式，將持股部位增加到8成的水準，執行期間預計3天。然後將成交的結果，依照當初授權金額的比例，分配到每位操盤人負責的帳戶中，再由操盤人自行依個人想法調整部位。

這個方案執行前，我已報請總經理核准，並向他解釋，即使當下追高成交後股價卻下跌，但因該個股為仔細挑選的優質股，所以也是值得長期持有的標的；再者，原有大約4成的持股，將會隨著大盤上漲有所獲利，平均之後的成本墊高有限。

到了星期一，台股加權指數上漲337點，台指期依舊漲停，我們在盤前掛入的買單成交不多，直到星期二才完成這次的買進決

冠軍操盤人黃嘉斌獲利的口訣

策。在完成所有動作後的接連幾天,市場略微降溫,接著大盤又再度上揚,才半個月的時間,大盤便上漲762點(6,322點到7,084點)。其他法人還在猶豫不決間搖擺,我已完成投資布局,也因此在當年度拿下投資績效的第一名,關鍵就在事件發生當下建立起投資的「想法」,並且付諸行動。

再如2020年初,爆發COVID-19疫情並蔓延到全球,不僅造成諸多產業供應鏈斷鏈,更重創全球經濟也影響全球股市,各國為應對COVID-19疫情所投入的財政資金總額約為16.3兆美元,這些前所未有的財政投入,在穩定全球經濟、保護民眾生活和企業生存方面發揮了關鍵作用,也是透過「量變」轉為「質變」,帶起股市一波大多頭,特別是防疫資優生的臺灣成為表現最佳的受惠者。

多做假設,你會比別人更有想法

事實上,中國移動入主遠傳電信最終並沒有定案,但是當時因「有想法」、「三思而後行」、「重視決策過程」等關鍵,讓我有成功出擊的機會。至於有無做過精密的計算預估、想法正確與否,那都已經不重要了。

若以結果論反推,這個投資案缺乏政府配套措施(比如對中資投資上限的規定),本身就是一場烏龍,最後也確實如此,然而當時研判正確卻未有動作的人,反而錯失了這段大行情。

投資是一門藝術,有想法真的比看對行情來得重要。在個股的選擇上也同樣如此,明確的估算是財務部門的專長,但其結論往往與股價背道而馳。不過,我的意思不是指對公司的基本面分析、財

務數字估算不重要,而是「想法」更重要。

以對單一公司的研判為例,「想法」就是估算時的假設,這個假設決定一切。例如在研判上認為景氣會快速攀升,特別是在轉折時,企業通常較為保守,訂單的能見度也低,估算出來的財務數字自然偏低。但是我們可以預期「將會有訂單」、「有急單」之類的假設,做樂觀的預估,這就是「想法」。

至於這些投資的「想法」,是取決於平日努力鑽研基本面的結果。過去我在擔任研究員時,就經常和公司相關部門爭辯財務數字預估的正確性,很有意思的是,事後驗證往往是我的「想法」比較正確。

【黃嘉斌的獲利重點】

1. 投資是藝術,無法透過精密的計算預估。
2. 股市的最大輸家,並非是看錯方向的人,而是沒有看法的人。
3. 台股從「量變」轉為「質變」,後市想像空間無限大。

第四節
「掌握潮流又創造需求」，這檔股必賺！

經常有人把股票投資當成「買空賣空」的投機行業，偏偏著名的投資大師科斯托蘭尼，也將自己一生的心得著作成書，並謙稱為「一個投機者的告白」，所以從事股票行業的人，只能期許自己成為優秀的「投機者」。

股市的本質是投資，不是零和

但投機與投資是截然不同的概念，前者確實是「零和」遊戲——某人所賺的錢必然來自於另一人的虧損，比如期貨交易的獲利或虧損，必然來自於莊家的損、益。不過，後者就不同了，它可以是雙贏。

長期而言，股票市場的整體市值是成長的，所以參與者可以共同獲利，而且標的物本身（上市櫃公司）也會依照每年的獲利狀況來配發股息、股利，創造市場的價值，所以股票市場的本質當然是投資。

再者，也可以從心態作為研判的出發點。當買進一檔股票時，若認為賺錢的機率應該會超過賠錢，這就是投資；相對的，簽樂透時應該覺得中獎的機會不大，但若是「萬一」中獎，就發財了，這

就是投機。

當然啦！本質為投資的股票市場，也可以用投機的方式操作，只是當短期的運氣用完後，最終下場大概和絕大多數的賭徒一般。畢竟，依賴賭博致富的，只有電影中的「賭神」辦得到。

跟對潮流，報酬會隨著時間擴大

「長期投資」是股市贏家最常提到的方式，因為隨著時間的流逝，往往更加有利於股票持有者。但是，時間這個要素之所以能提高投資報酬，必須是當投資方向與趨勢、潮流吻合時，潮流的影響性會隨著時間而擴大，投資報酬也會跟著同步擴大。

不過，一般人很容易混淆，你跟隨的到底是潮流？還是流行？還記得曾經風行一時的葡式蛋塔嗎？這股熱潮持續了半年不到，現在大概只剩下肯德基還在持續投入銷售蛋塔。

蛋塔熱之後，接著出現了巨蛋麵包，這是更短命的商品，當初同樣造成許多人一窩蜂的搶開店，結果有許多商家還沒有裝潢好，熱潮便消退了，這就是「流行」。就好像股票投資的題材股一般，受青睞的時間短暫到禁不起考驗。然而，堪稱臺灣飲料之寶的珍珠奶茶就不同了，現在竟然還可以遠赴國外展店銷售，成為國際性的飲品，這類商品就很有可能變成潮流。

而研判是潮流或流行，在投資的選擇上非常重要，這可以表現在兩個部分，首先是金融商品的種類，另一個則是產業。

冠軍操盤人黃嘉斌獲利的口訣

股市的表現優於債市

有關金融商品種類的選擇，也就是投資最上層的資產配置觀念。以現階段來說，當歐美脫離金融海嘯以來的衰退窘境，開始進入復甦期，尤其是美國聯準會宣布縮減量化寬鬆（Quantitative easing，簡稱QE）的購債規模，等同是正式宣布資本市場中的「投資循環時鐘」，開始進入「股漲債跌」的階段，所以從總體經濟循環來看投資潮流，必然是股票優於債券。

事實上，在2013年下半年，國際資金從債券大量流進股票市場，也使得歐美股市不斷創下歷史新高，便可以得到驗證。至於債券市場則十分慘澹，還寫下14年來的最大跌幅。當然，債券價格也曾在2013年中多次出現迅速彈升，但這反而誘使許多人誤判方向，結果大多是以慘賠收場。

從2013年下半年的例子中，我們可以看到資金由債市流向股市，進入股市後，優先受惠的是已開發國家（如美國、日本、歐洲地區），接著流往新興市場中權值較重的區域（如印度、臺灣、南韓等），再轉往其他的新興市場國家。這股資金流動的邏輯很簡單，資金配置必然先增加大型「權值股」，其次是績優的中型「成長股」，最後才流進轉機股或是投機股，將此邏輯放大到全球區域的配置，便會得到上述的結果。

根據統計，2013年外資買超最多及漲幅最大的區域，確實是日本（買超1,499億美元）、美國（買超1,227億美元）、歐洲（買超459億美元）等，其次為印度（買超約199億美元）、臺灣（買超約87億美元）、南韓（買超約47億美元）。（見右頁圖表）

第一章：我這樣選股，一年獲利76.3％

【圖表 1-5】外資對亞洲主要股市買賣超金額

（單位：百萬美元）

時間	臺灣	南韓	印度	泰國	印尼	菲律賓	越南	日本
2009年	15,680	24,689	17,854	1,137	1,383	420	71	18,591
2010年	9,593	19,543	29,321	1,920	2,332	1,229	617	36,543
2011年	-9,065	-8,543	-512	-167	2,862	1,329	95	22,257
2012年	4,913	15,084	24,548	2,504	1,713	2,548	154	31,110
2013年以來	8,737	4,743	19,856	-6,211	-1,864	678	256	149,920
12/6當週	266	-729	449	-587	96	46	1	1,106
12/13當週	581	-1,072	821	-428	-34	-47	4	6,001
12/20當週	37	2	835	-194	22	-77	28	8,053
12/27當週	277	-20	157	-52	-384	-2	18	——

資料來源：彭博社（Bloomberg News）根據2013年12月27日當地證交所發布的資料。其中，印度為截至2013年12月26日的資料；日本則是晚一週公布資料。

【圖表 1-6】全球股、債、貨幣型共同基金流向

（單位：百萬美元）

時間	國際型股票	美國股票	歐洲股票	日本股票	美國債券	企業債券	美國貨幣市場
	股票型				債券型	美國投資型	貨幣型
2009年	18,727	-8,279	2,506	-5,461	180,622	N/A	-466,143
2010年	6,500	33,467	-10,256	-840	149,347	N/A	-395,262
2011年	9,343	18,322	-7,952	1,872	143,288	N/A	-144,334
2012年	16,395	-9,912	-13,740	7,627	158,201	66,148	-15,544
2013年以來	85,290	122,741	45,887	43,389	62,819	54,000	-2,362
12/6當週	673	-2,523	1,466	567	-258	401	30,894
12/13當週	204	-1,085	4,554	-17	-689	1,697	2,755
12/20當週	-2,735	-13	1,136	-175	-4,221	146	-31,276
12/27當週	N.A	N.A	N.A	N.A	1,128	2,029	21,414

資料來源：彭博社。

冠軍操盤人黃嘉斌獲利的口訣

站在潮流的浪頭上，一度成為股王

另一個投資潮流應用，就是產業的選擇。比方說，從1944年第一部電腦問世開始，人類進入電算機的時代，但是真正開啟全新商業模式、蔚為潮流，則是到1977年蘋果電腦（Apple）推出的Apple II，這個趨勢潮流還延續至今。

臺灣的電子產業便是倚賴這股潮流，發展出現今的規模。早期的宏碁（2353），及至後來的華碩（2357）、鴻海（2317）等，都是受惠於個人電腦的興起。到了中期，個人電腦的另一波發展——筆記型電腦，則造就現今的仁寶（2324）、廣達（2382）等集團企業，這些都是產業趨勢下的贏家。

【圖表1-7】鴻海（2317）受惠於潮流，股價曾漲到三百多元

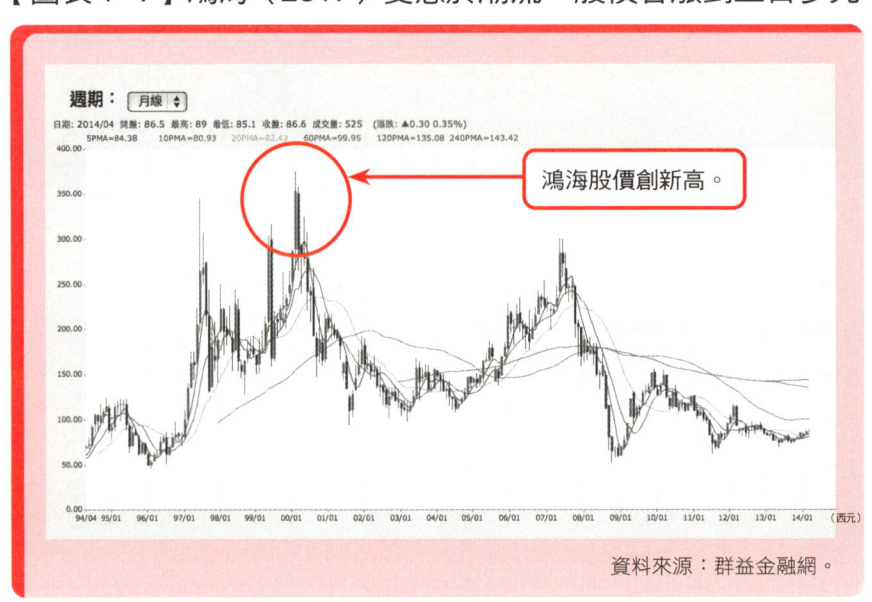

資料來源：群益金融網。

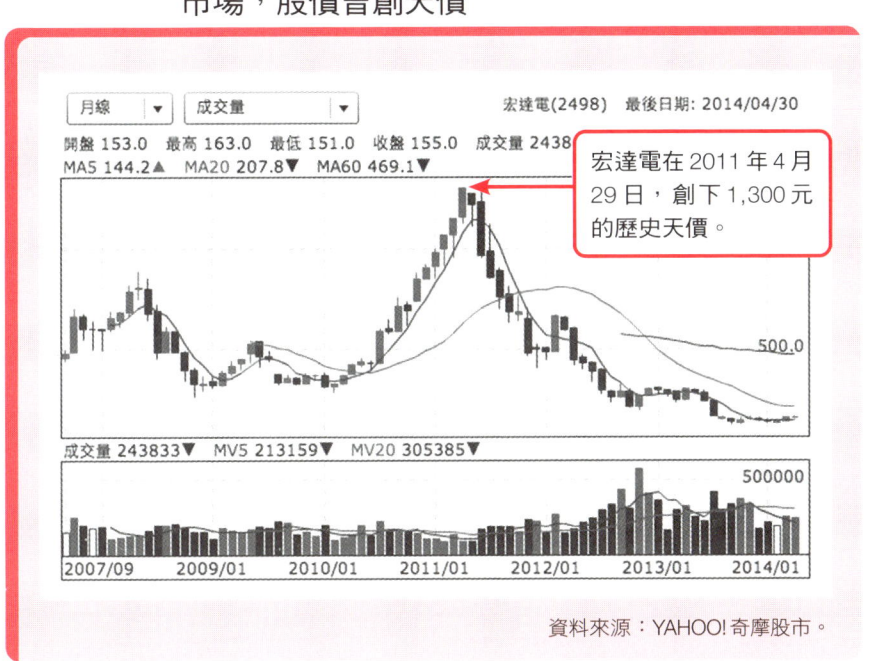

第一章：我這樣選股，一年獲利76.3％

【圖表1-8】2011年，宏達電（2498）智慧型手機技術領先市場，股價曾創天價

宏達電在2011年4月29日，創下1,300元的歷史天價。

資料來源：YAHOO!奇摩股市。

　　至於近20年來，發展最快的手持式裝置，從功能型手機開始，包括明碁電（現明基電通）、大霸（現鼎創達）、華寶、華冠（8101）等，都曾有亮麗的表現。一直發展到智慧型手機後，宏達電（2498）領先市場、站在潮流的浪頭上，曾連續多年蟬聯智慧型手機的第一品牌，位居台股股王寶座多時，更曾在2011年4月29日，創下1,300元的歷史天價，而這段期間，正是智慧型手機的高成長期。

　　隨後，蘋果在技術上不斷推陳出新，包括率先導入電容式觸控、指紋辨識與臉部辨識等功能，迅速席捲高階智慧型手機市場。

冠軍操盤人黃嘉斌獲利的口訣

與此同時，中低階市場則受到中國品牌的低價競爭衝擊，不僅宏達電，連昔日的手機龍頭諾基亞（Nokia）、摩托羅拉（Motorola）等也相繼退出智慧型手機市場。

而自 2023 年底生成式人工智慧蓬勃發展以來，相關熱潮持續延燒，對全球產業所帶來的深遠影響，已被譽為新一輪工業革命的開端。人工智慧不僅催生出兆元級新興產業，更正推動各行各業邁向十倍甚至百倍規模的智能化轉型。展望未來，人型機器人可望成為最具戰略價值的應用領域之一。至於國內相關的公司，多數只有提供部分零件，可以參考下表：

【圖表 1-9】與人形機器人相關產業股

公司名稱	股票代號	主要產品	與人形機器人關聯性
和大	1536	齒輪、減速器	打進特斯拉（Tesla）Optimus 供應鏈
上銀	2049	傳動、工業機器人	馬達跟關節模組
所羅門	2359	3D 視覺、AI 控制	視覺及控制
台達電	2308	馬達、驅動器、電源	伺服及電控
亞光	3019	鏡頭、3D 感測	機器人視覺
精測	6510	半導體測試	做機器人用的智慧測試模組
廣明	6188	光電、3D 感測器	AR 及機器人視覺模組

關鍵：是否禁得起時間考驗？

是流行？還是潮流？一字之差，會產生截然不同的結果。這確實不容易分辨，不過，我曾聽長輩說過一句話：「傳統曾經現代過，但是現代未必能成為傳統。」借用這句話的精髓即是：「潮流常從流行開始，但是流行卻未必能成為潮流。」因此，流行與潮流的研判關鍵，即在於是否禁得起時間考驗。

如何才能禁得起時間的考驗？經濟學上說：「需求創造供給。」直接點出重點——需求，只有提供**真正可以滿足消費者需求的解決方案，才能可長可久**。舉例來說，蘋果出產的iPad，一上市立即熱賣，還造成風潮，它滿足了大多數人希望「操作簡單」、「只想上網」的需求，因而創造出一個新的市場區塊。

既然如此，流行之初如何研判能否成為潮流？我建議可以分為兩個階段研判，首先是從「需求強度」分析，可以從英文的「Must」（必須）、「Need」（需要）、「Nice to have」（有的話也不錯）三個等級來看，如果該產品對於滿足我們的需求有強烈的必要性，比如現在幾乎人人離不開手機，這個需求強度便達到「Must」等級，所以蔚為潮流的機會就很高。

第二個階段的研判，就是成為流行性商品後，是否只是曇花一現。根據經驗法則，有一個具體的魔術數字可以參考，那就是「1,000萬個單位」。如果**產品的年度銷售量可以突破1,000萬個單位時，應該就形成了趨勢或潮流**，因為這代表著幾個意義：

1. 擁有足夠的樣本數（消費者），證明該產品可以被市場普遍

冠軍操盤人黃嘉斌獲利的口訣

接受。
2. 這樣的規模表示不是小眾的利基市場（niche market），很可能是大利基。
3. 這樣的規模足以形成一個產業讓供應商積極投入，有利於產業長期的發展。

還記得當第一代PDA（個人數位助理）產品推出時，聲勢浩大，也有多家廠商競相投入產製，結果年銷售量在朝1,000萬臺突破之前便停滯了，然後很快的走下坡、「退流行」。此外，「數位相框」也是一個短命的流行商品，同樣難以突破「1,000萬臺」這個障礙，如今這些商品在市面上已難見蹤跡。請記住，在投資領域中，唯有掌握新潮流的個股才會幫你賺大錢！

【黃嘉斌的獲利重點】

1. 研判是否為飆股，先看是潮流或流行。
2. 若為潮流股，市場需求程度將到達「必須」等級。
3. 流行性商品容易淪為曇花一現。

第一章：我這樣選股，一年獲利76.3％

第五節
我的三不原則：
不和景氣、政府、公司對作

　　當我們在投資股票時，最好謹記著「三不原則」：不要和趨勢（景氣）對作、不要和政府（政策）對作、不要和公司（內部人士）對作。切記！景氣不好不見得沒有行情，但是景氣不好絕對沒有大行情。換句話說，當風險高而報酬有限時，更不應逆勢操作。

　　至於公司大股東一手掌握內部資訊，另一手掌握股票（籌碼），小股民如何與他們鬥？當然，如果你選擇的是正派經營的企業，基本上就沒有對不對作的問題。不過，別忘了，在取得個別公司的資訊時，大部分就是來自於被投資公司的本身，然後再佐以競爭對手及產業相關資訊去做綜合的研判，這些訊息來源有些已被扭曲，因此研判的準確度自然得大打折扣。更何況，確實有不少大股東對於自家公司的股票著墨很深，而且國內的法人、實戶圈也盛行一股與公司派「共襄盛舉」的風氣，所以我們在投資時，當然應該盡量避開。

　　而外匯、房市、債市、股市等市場，政府是同時扮演莊家及玩家的角色，說是球員兼裁判其實也不為過。尤其是在股票市場，政府透過政策的引導，不僅直接影響資金的流動方向，也影響著產業的評價（本益比高低）。不要忘了，國內最大的法人就是政府的四大基金與代操基金。

冠軍操盤人黃嘉斌獲利的口訣

　　正因如此，政策風向球對於台股走勢的影響力，甚至還高過景氣循環的力量，所以政府也經常「善用」這股力量，來促進經濟或產業的發展。

　　例如 1980 年代，臺灣要發展半導體產業，於是利用政策，刻意扶持聯電（2303）、台積電（2330）、華邦電（2344）、茂矽（2342）、旺宏（2337）等，這些公司都是在那時期相繼成立，然後到 1990 年代陸續掛牌，開啟臺灣半導體產業的一頁輝煌，也因而帶動國內 IC 設計產業的蓬勃發展。接著，從 IC 設計公司中又不斷出現「一代一代的拳王」，像是聯發科（2454）、凌陽（2401）、威盛（2388）等，都曾經盛極一時，IC 設計產業更被歸類為「永遠的主流股」。

政策扶持生技產業，新藥開發最有利基

　　在 2010 年代前後，最直接受惠於政府政策的產業，首推生技業。2007 年 6 月 15 日，立法院三讀通過《生技新藥產業發展條例》，正式啟動國內發展生技新藥產業的引擎，也是資本市場生技熱潮的濫觴。

　　在國內政策鼓動風潮之前，一些掛牌的生技公司大多為下游代工藥廠或是代理商，真正從事新藥研發的公司少之又少，因此熱潮很快的消退。到了 2010 年 5 月 6 日，行政院進一步通過《生技新藥產業發展條例》第三條修正草案，並送請立法院審議，於是再次引發熱潮。

　　再加上由國內藥廠母公司轉投資跨入原料藥市場的中化生（中

第一章：我這樣選股，一年獲利76.3％

化轉投資，股票代號：1762）、台耀（永光轉投資，股票代號：4746，見下頁圖表1-10）等，也於此時陸續掛牌，讓生技投資的市場活絡起來。至此，生技產業逐漸在資本市場占有一席之地。而投資人買賣時，也大多根據當前與未來營運狀況、成長動能等，作為評估的標準，縱使類股曾一度過熱，也少有泡沫現象。

根據觀察，政府有意以生技產業，作為驅動臺灣下一波經濟成長的動能，特別是在新藥開發的部分，將是整個政策的重心，而其中如何透過股票市場的資金挹注，則是重要的關鍵。否則，僅由政府與創投業的出資，難以籌措足夠的銀彈並穩健產業。也因此，後來股票市場遊戲規則的修改，才得以讓第一家新藥開發商——基亞（3176）掛牌，從此新藥開發公司才算是真正進入資本市場。

投資人經過這些年的洗禮後，逐漸了解新藥開發才是生技公司最大的附加價值，也願意給這類公司不同於以往的評價。這些高額的溢價，挹注業者投入漫長開發過程中所需要的活水，更有助於讓產業發展步入正向循環。

事實上，我們從全球已發展成功的生技產業群聚經驗便可得知，生技產業發展成功的要素包括：政府政策、研發能量、資金與人才吸引、產業聚落等，這四項要素缺一不可。

其中，從2007年開始，政策性的推動已是不遺餘力，只是高風險、高報酬，外帶回收期長的特性，使得新藥公司籌資不易，所以能否導入一個成熟的資本市場，並由造市者（政府、大戶、業者本身等）制定出一套遊戲規則，將是關鍵的臨門一腳。

當政府有意對某個產業扮演造市者的角色，並制定出遊戲規則時，就是一個新的戰場。這時有意參與者應該要放棄原有的評價模

冠軍操盤人黃嘉斌獲利的口訣

【圖表 1-10】中化生與台耀的基本資料與週線圖

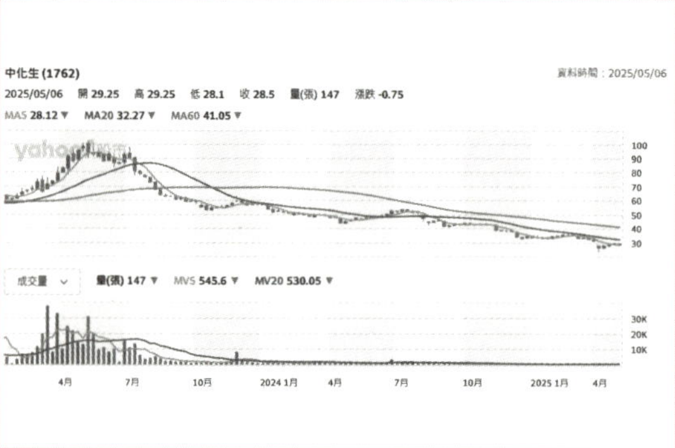

公司名稱	股票代號	掛牌日期	每股盈餘（元）
中化生	1762	2010 年 12 月 20 日 由中化轉投資	2024 年第 2 季：0.27 2024 年第 3 季：-0.11 2024 年第 4 季：-0.01 2025 年第 1 季：0.13
	週線圖		
台耀	4746	2011 年 3 月 1 日 由永光（1711）轉投資	2024 年第 2 季：2.36 2024 年第 3 季：0.19 2024 年第 4 季：-0.44 2025 年第 1 季：1
	週線圖		

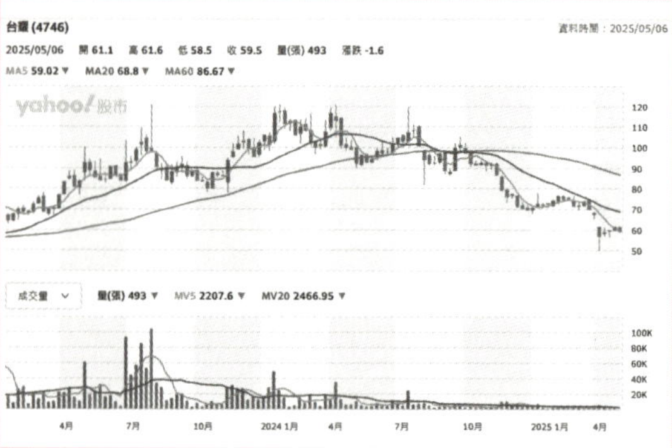

資料來源：YAHOO! 奇摩股市。

式,看清楚新的遊戲規則,搶占先機,就有機會成為股市贏家。

沒有本益比、不看淨值比,看啥?

以生技產業為例,除非你扮演的角色本身就屬於造市者,否則很難用過去既有、已被認同的方式加以評估,因為財報虧損自然沒有本益比,同時淨值比也高得嚇人,因此先放棄過去的價值評估模式是第一步。

其次,建議多增加一些技術性的操作,**研判「量價關係」的內涵,是最重要的課題**。造市者不僅決定股價的走勢(他們往往自有一套股價規畫的邏輯),也是籌碼最多的持有者,任憑市場訊息天花亂墜,只要出現周轉率異常,**成交量在高檔出現爆量,卻逆勢收長黑,這很可能就是造市者獲利了結的退場訊號**。

在生技新藥類股的操作上,「籌碼」是絕對不能漠視的指標。至於在買進訊號部分,經過長時間的整理後,忽然爆大量上漲,並且收長紅、創新高,就是行情即將開始的重要訊號。

以基亞為例,該公司掛牌上市後,經過近一年的整理,於2012年9月10日出現2,983張的大量(為月均量的2倍),股價便從68元,一路上漲至231.5元才結束漲勢,但是股價在最後一波創下新高階段,成交量明顯不足,呈現量價背離的現象。

尤其股價在2011年的11月與12月,分別創波段的新高後,都曾經出現大量,這就顯示出特定人已經在「邊拉抬,邊出貨」中撤退。因此,**當股價再創新高,成交量卻未跟上時,下跌反轉之後的上升,其實就是下一波跌勢的高點**,若是當下不忍痛出脫持股,雖

冠軍操盤人黃嘉斌獲利的口訣

【圖表1-11】基亞（3176）週線圖

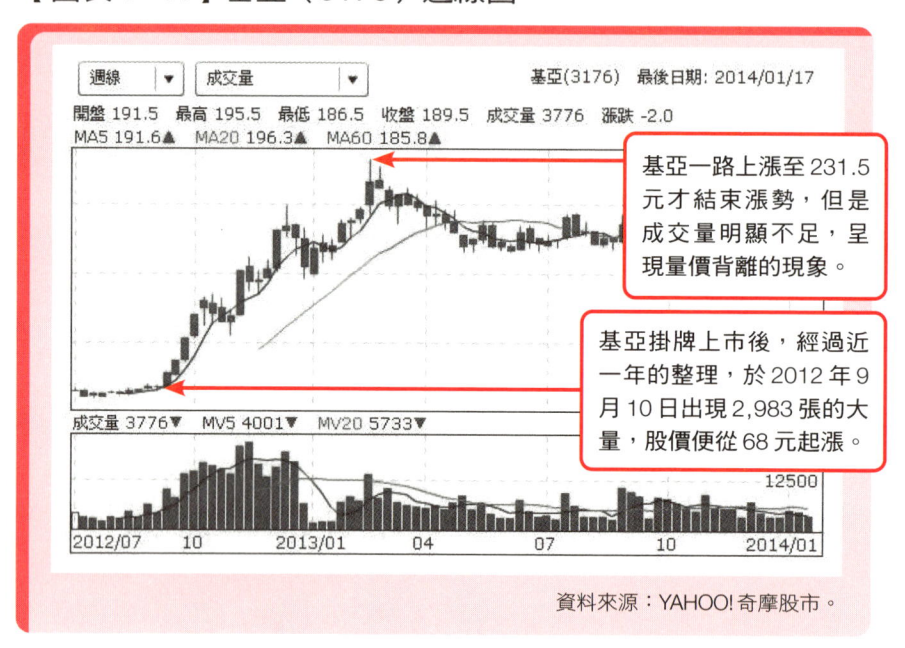

> 基亞一路上漲至231.5元才結束漲勢，但是成交量明顯不足，呈現量價背離的現象。

> 基亞掛牌上市後，經過近一年的整理，於2012年9月10日出現2,983張的大量，股價便從68元起漲。

資料來源：YAHOO!奇摩股市。

然通常還是會有一小段反彈的逃命波，但是因為先前曾經出現過多次大量，所以此時反彈的幅度通常不會太大。截至2025年6月9日基亞的股價只剩30.8元。

再者如生技股王康霈（6919）從興櫃掛牌後，股價在最低的111元（2022年12月27日）一路上漲，歷經2024年3月20日的股票分割（1股分割為2股），股價最高來到1,020元（2025年3月25日），僅花了兩年又一季的時間還原股價後，報酬率高達十七餘倍，堪稱超級黑馬股。

那麼一家沒有本益比與超高股價淨值比的公司該如何評估？除了可以參考上一個基亞的例子，採技術分析的量價關係操作外，清

第一章：我這樣選股，一年獲利76.3％

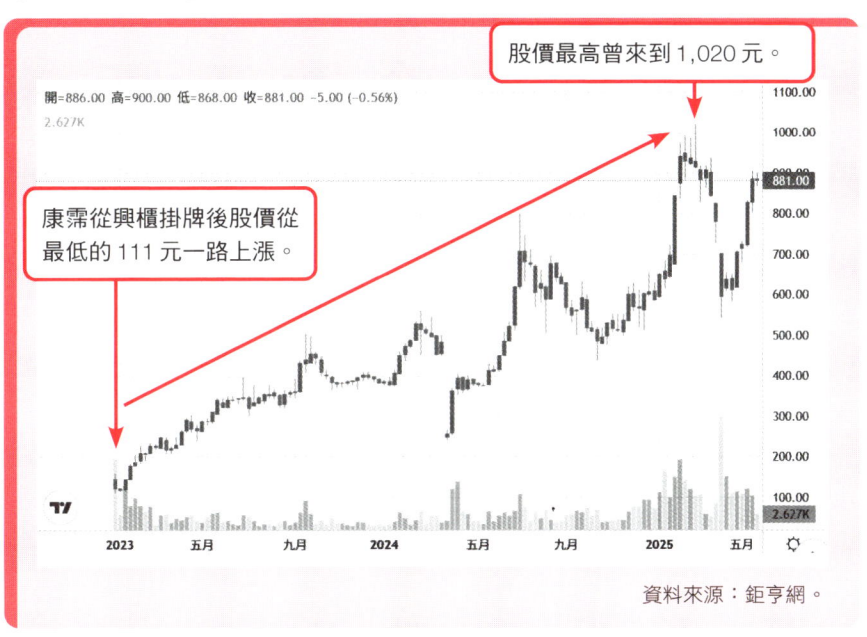

【圖表1-12】康霈（6919）週線圖

開=886.00 高=900.00 低=868.00 收=881.00 -5.00 (-0.56%)
2.627K

股價最高曾來到1,020元。

康霈從興櫃掛牌後股價從最低的111元一路上漲。

資料來源：鉅亨網。

楚的知道公司的「故事」、經營階層的「誠信」，都是非常重要的觀察重點。

一般而言，新掛牌公司尤其是生技新藥企業，股權集中度都很高，此時態度象徵籌碼動向（價格永遠是由供需雙方所決定），如果經營者只想藉公司掛牌的機會將股票換成現金出場，那麼就算有蜜月行情也只是曇花一現；若是有長遠的規畫，再加上新藥的題目本身就具備很大的吸引力，結果便截然不同。

以康霈為例，其所涉題材本身──減肥藥，即為極具潛力的龐大市場。從丹麥製藥巨頭諾和諾德（Novo Nordisk）市值已超越該國GDP的現象，即可見一斑。依我們估算，康霈未來可望自產品

61

授權中取得逾 30 億美元的授權金收入。

此外，該公司在股價規畫上亦展現出高度策略性，兼顧臨床進展節奏與資本市場偏好。例如，公司事前即向投資人溝通臨床試驗結果需時間等待，並於結果公布後詳盡說明內容，協助市場正確解讀；又如透過股票分割、提升市值等方式，以爭取納入生技類股指數及 MSCI 中小型成分股的資格。

更重要的是，公司在整個過程中致力提升資訊透明度，讓投資人能充分掌握企業發展狀況，此舉亦有助於鞏固投資人信心，維持籌碼穩定。綜上所述，這些作法構成我們選擇長期持有該公司股票的重要依據。迄今為止，康霈已成功建立出公司與長期投資人雙贏的良性互動格局。

「做『對』才能賺錢，對作保證賠錢」

技術分析是協助我們，在無從認知基本面真實狀況下的一種好方法，除此之外，特別是被訂定新遊戲規則產業的投資，建議可以參考行為金融理論中的羊群效應模型（貝氏定理），這也是不錯的方式。簡單來說，貝氏定理就是當你看到一個人總是做一些好事，那麼這個人多半會是一個好人。

因此，當我們無法準確掌握某個事物的本質（例如對基本面的了解不足）時，可以透過觀察與其本質相關的特定事件出現的頻率，來推估該事物本質屬性的可能性。譬如**老是喜歡做一些弔詭事情的公司，大概就不會是好公司**。換句話說，從實務去選擇投資標的，通常股價表現最優秀的公司，往往反映的就是該公司一直不斷

在做正確的事情,然後股價就會將這個內在展現出來。

不過,要特別提醒的是,**採行貝氏定理選股,並無法幫我們找到潛力飆股**,而是在不能準確了解基本面,卻又想參與某個族群類股的投資時,可以採行的一種選項。

總括來說,近幾年的生技股,算是政策推動下的大贏家,進入成長期的臺灣生技產業,特別是新藥研發公司,更是值得留意的族群,評估這類公司有幾個步驟可以作為參考。

首先,研究公司的信譽及背後支持者。最好要有集團的奧援,畢竟新藥開發的時程很長,若是剩最後一哩路卻銀彈燒盡、功虧一簣,就很可惜。不過現在有很多新藥公司是新成立的,此時就要看主事者過去有沒有研發成功的經驗。

其次是,建議選擇已經進入3期臨床,並且收案完成一段時間的公司,最好在1年之內有機會解盲。畢竟時間就是金錢,而且隨著時間延宕,開發過程燒得錢更多,承受風險也更大。

最後是考量買進的價格,這不僅是未來期望報酬率的關鍵,更是持有風險控管的關鍵。可用3個角度衡量買進價格:一,蒐集該新藥市場規模有多大,可以分5年至7年,先以最終取得10%的份額為假設基準,然後用DCF(Discounted Cash Flow,現金流量折現法,指把一家公司未來會產生的所有現金流,都換算成現在價值的一種計算方式)法計算價值多少;二,看公司累計投入多少資金研發該藥,作為未來可能授權的權利金金額,來換算成公司的市值;第三,買進價格最好預估在可能目標價的一半,也就是預期解盲成功後,第一波目標價能有1倍的報酬率。

此外,還要特別留意公司誠信度與心態,別忘了新藥開發的

冠軍操盤人黃嘉斌獲利的口訣

結果是一翻兩瞪眼，成功股價一飛沖天、失敗則以崩跌收場，所以公司的主事者一言一行都必須謹慎檢視，發布的訊息是否達標，通常我會用「事不過三」的原則，意即只要出錯三次就列為拒絕往來戶，放棄此一標的。

政府政策對股市而言無疑是指引方向的明燈。回顧蔡政府時期對生技產業的扶植，雖曾經歷不肖企業與泡沫化陣痛，但如今生技業已成加權指數的重要族群，多家公司更成功納入MSCI的指數中，顯示逐漸獲得國際資本認可。

再以2023年政府推出10年投資5,645億元「強化電網韌性建設計畫」為例，帶動士電（1503）、中興電（1513）、東元（1504）、華城（1519）、大亞（1609）等重電族群股價大幅上漲（見第65頁至第67頁圖表），顯示政策對產業發展與資本市場的強大推動力。

進入賴政府時期後，政府已明確揭示未來發展方向，將半導體、人工智慧、軍工、安全監控與次世代通訊列為「五大信賴產業」，作為臺灣布局全球的重要支柱。同時，新能源相關政策如液化石油氣（Liquefied Petroleum Gas，簡稱LPG）基礎建設與小型模組化反應爐（Small Modular Reactor，簡稱SMR）技術的推動，也都是值得長期關注的發展方向。

第一章：我這樣選股，一年獲利76.3％

【圖表1–13】士電（1503）月線圖

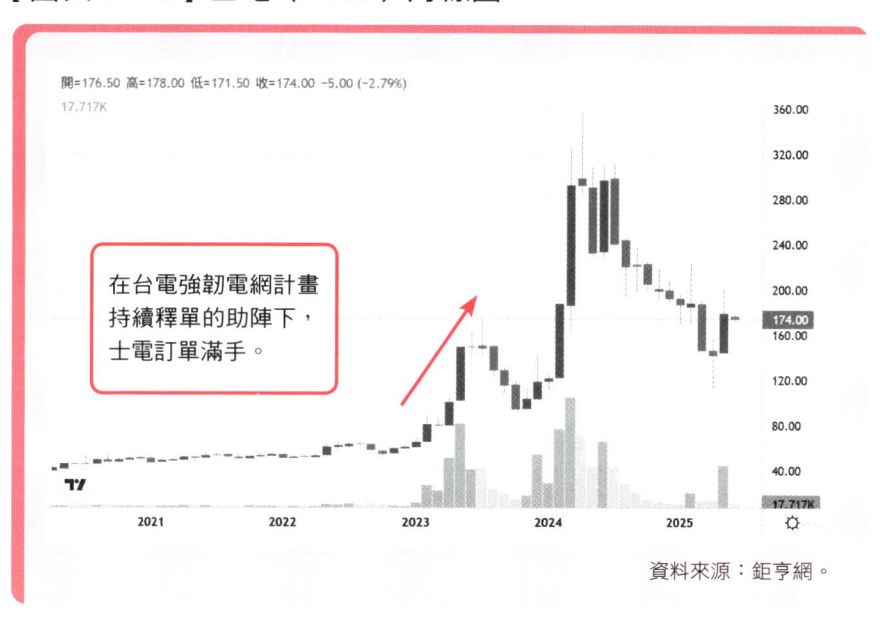

在台電強韌電網計畫持續釋單的助陣下，士電訂單滿手。

資料來源：鉅亨網。

【圖表1–14】中興電（1513）月線圖

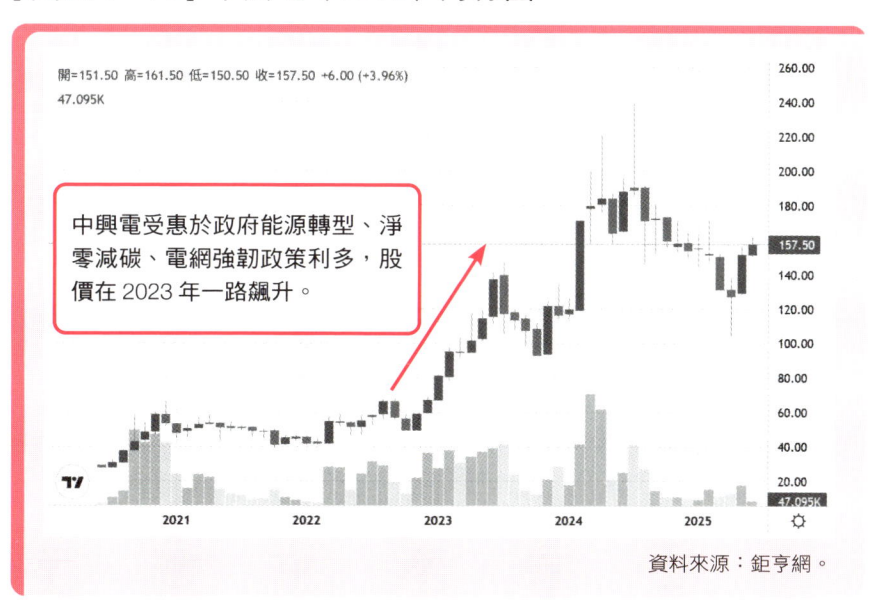

中興電受惠於政府能源轉型、淨零減碳、電網強韌政策利多，股價在2023年一路飆升。

資料來源：鉅亨網。

65

冠軍操盤人黃嘉斌獲利的口訣

【圖表1-15】東元（1504）月線圖

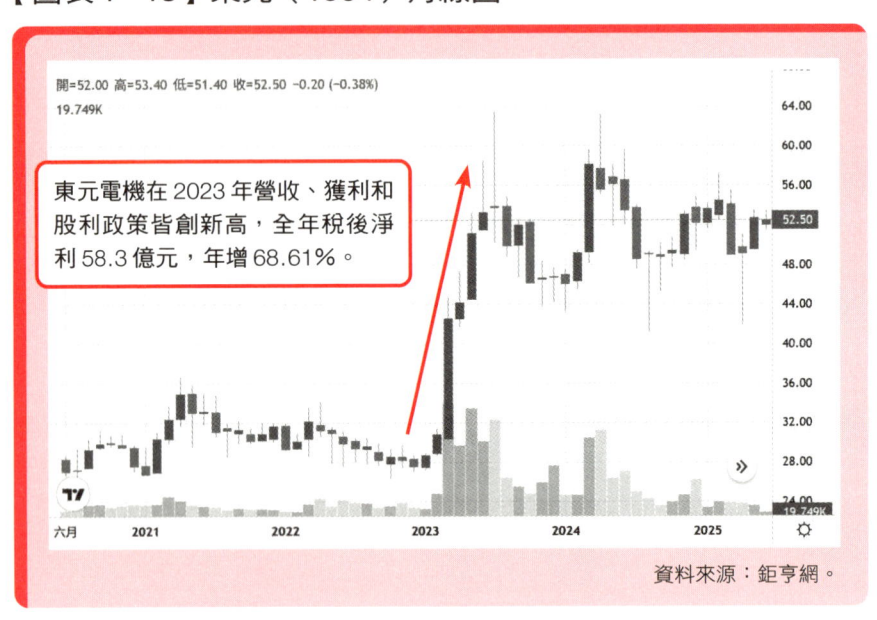

> 東元電機在2023年營收、獲利和股利政策皆創新高，全年稅後淨利58.3億元，年增68.61%。

資料來源：鉅亨網。

【圖表1-16】華城（1519）月線圖

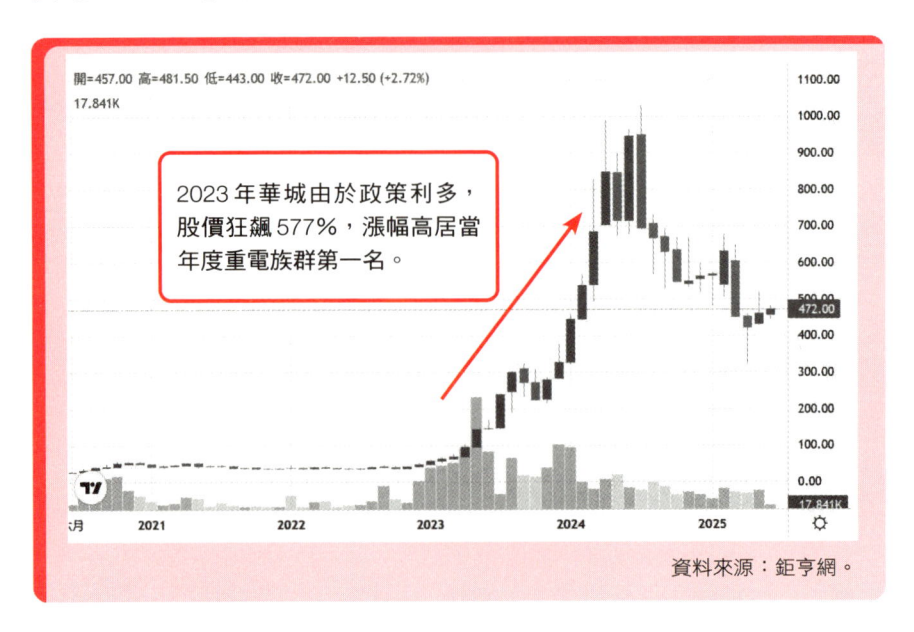

> 2023年華城由於政策利多，股價狂飆577%，漲幅高居當年度重電族群第一名。

資料來源：鉅亨網。

第一章：我這樣選股，一年獲利76.3％

【圖表1-17】大亞（1609）月線圖

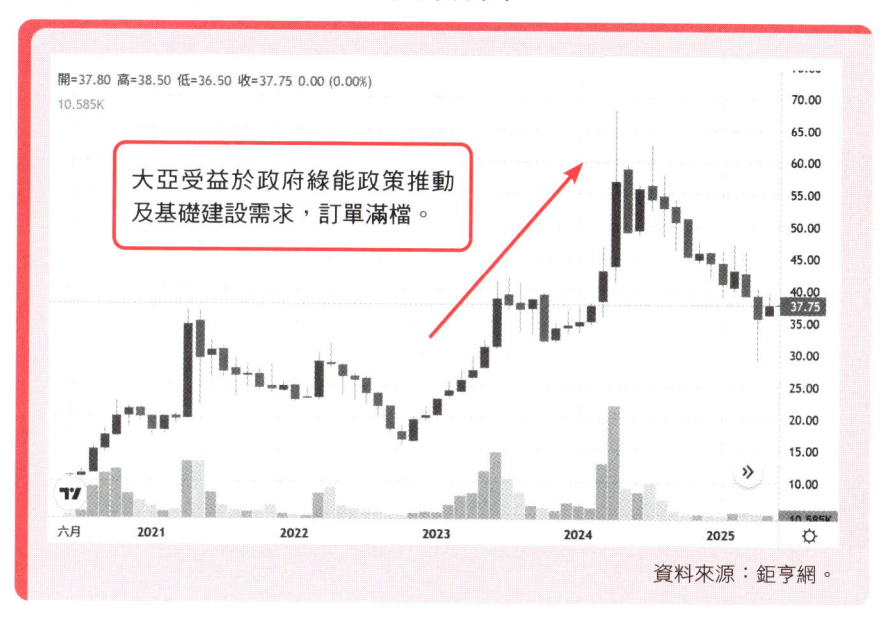

大亞受益於政府綠能政策推動及基礎建設需求，訂單滿檔。

資料來源：鉅亨網。

【黃嘉斌的獲利重點】

1. 不要和趨勢（景氣）對作、不要和政府（政策）對作、不要和公司（內部人士）對作。
2. 政策風向球對台股走勢的影響，高過景氣循環的力量。
3. 當政府對某產業扮演造市者的角色，並制定遊戲規則，就是新戰場。

67

第六節
「長期持有是對的，
　但前提是獨占利基！」

　　獨占事業的形成，主要是因為「進入障礙」的關係，從這個障礙的成因，大致可以區分成三類：第一類是政府特許經營，例如早年的菸酒公賣、電信事業等，大型的公共事業、未開放民營化等公司都是代表；第二類是具備技術特殊性，因而最終獨攬市場，比如日本住友化學生產IC封裝材料的環氧樹脂，即占有市場6成的供應量；第三類則是專利形成的限制，這種狀況最常出現在生技產業中，尤其是新藥的開發更為顯著。

獨領競爭優勢，6年漲10倍不意外

　　在現實生活中，企業很難出現獨占的狀況，尤其是關係到全球供應時，政府也會祭出政治力干預，用「反托拉斯法」強制拆解該企業或扶植另一家公司。例如，2017年中央處理器（CPU）的龍頭英特爾（Intel），在技術上明明享有絕對的競爭地位，卻刻意留一杯羹給老二、老三，以維持市場有3家至4家的供應商，這就是怕受到反托拉斯法的影響所致。

　　另一個例子是，2018年微軟（Microsoft）幾乎壟斷了個人電腦作業系統，並強行搭載MSN作為入口網站，甚至有排擠其他入口

網站的跡象，導致企業差點被強制拆解。

話雖如此，企業如果可以因技術或是擁有特殊的行銷模式，因而**掌握特殊的利基，這便會是一個值得長期持有的好標的**，直到這個利基被打破為止。

以台股來看，統一超（2912）便是其中一例。統一超商在1987年成立，歷經7年的時間才轉虧為盈，之後獲利便穩健成長，來到今日的規模，並穩居國內實體通路的龍頭。

統一超商的成功，可以說是「長尾理論」的標準典範。它以科學的技術，利用POS（Point of Sale，銷售時點情報系統）機制，建立精密的管理系統，將微利市場集合起來達到經濟規模，並且樹

【圖表1-18】統一超（2912）月線圖

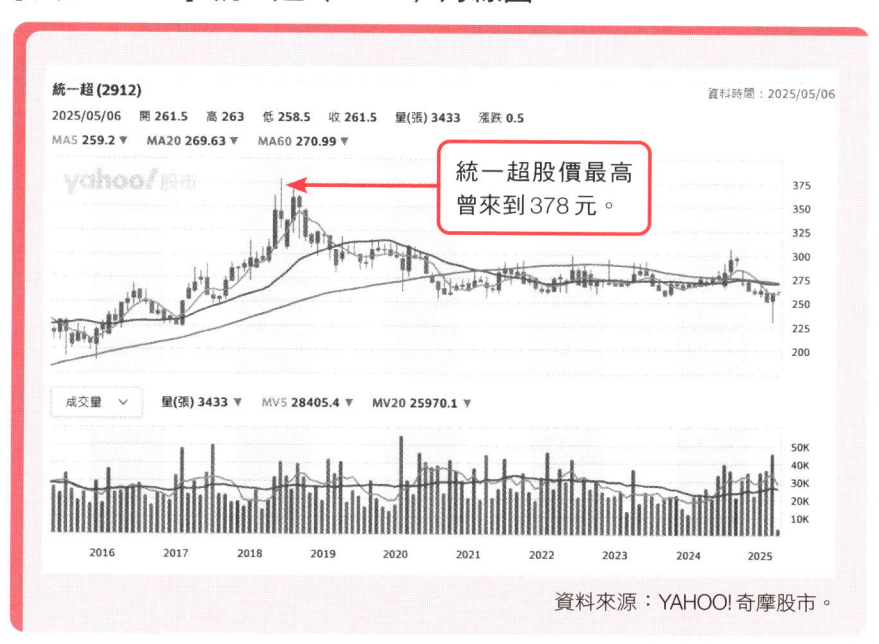

統一超股價最高曾來到378元。

資料來源：YAHOO!奇摩股市。

冠軍操盤人黃嘉斌獲利的口訣

立了進入門檻，使得該公司在展店數量突破經濟規模後，獲利便開始突飛猛進。它在1997年8月掛牌上市，截至2025年5月6日為止，股價已來到261.5元，漲幅相當驚人，原因就在其享有通路上的競爭優勢。

用新製程降低成本，迅速席捲市占率

在瞬息萬變的電子業裡，1993年掛牌的國巨（2327）是一個好例子。國巨的主力產品為被動元件，包括電阻器、電容器等，長期以來，這是一個很重要（幾乎每樣電子產品都必須用到）、進入障礙不高、相當成熟的產業。由於**技術層次不高，加上單價低，客戶重視的是品質與交期**，因此廠商與客戶之間的關係黏著度非常高，不太會輕易更換供應商。

由於毛利不高，經過長時期的演進，現存企業也只剩下穩定的薄利。這種區域性的供貨關係，直到1990年代後期，出現了兩個重要的變化：首先是新的生產製程出現，帶來成本降低的效益；其次則是微型化的趨勢。

儘管新技術可以讓生產成本大幅下降，但是全新的設備動輒上億元，一次更換下來，至少需要數十億元，大多數的供應商無力、也不願意更換，這讓新投入的國巨有了可乘之機，以新製程建立成本優勢。再加上，臺灣是全球電子供應鏈中相當重要的一環，微利化讓業者錙銖必較，國巨挾著成本優勢，便能迅速擴大市占率。

在微型化趨勢方面，生產線由人工插件組裝轉為自動化的SMT（Surface Mount Technology，表面黏著技術）製程，這對於零組件

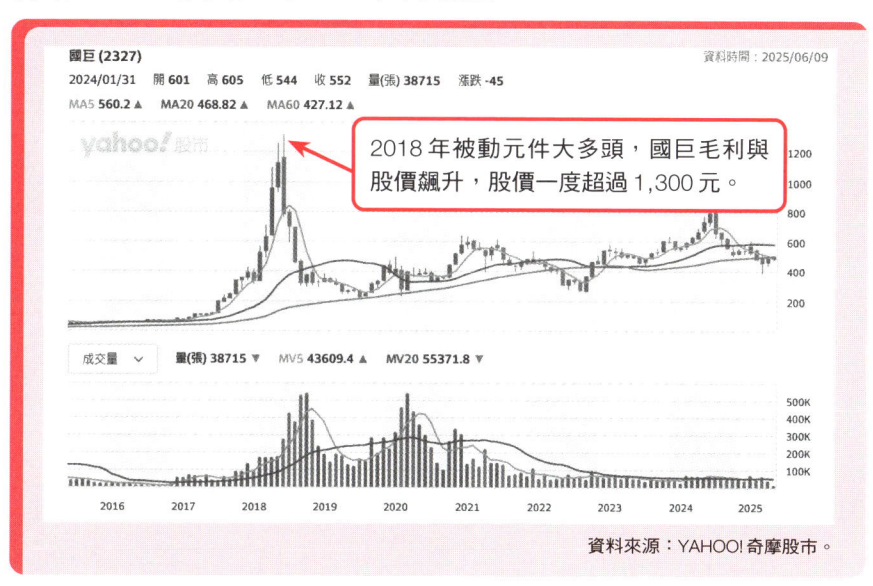

【圖表1-19】國巨（2327）月線圖

圖中註解：2018年被動元件大多頭，國巨毛利與股價飆升，股價一度超過1,300元。

資料來源：YAHOO!奇摩股市。

的尺寸規格有了不同的要求，國巨及時掌握時機，一腳踩進這個大利基市場，四處攻城掠地，除了大幅提升市占率，獲利也同樣水漲船高。自1993年上市，在5年的時間內，根據還原權值計算，國巨的股價總共上漲超過10倍的水準。直到2000年網路泡沫化後，情勢才開始有所轉變。

而如今，國巨已成為全球第一大晶片電阻、鉭質電容製造商，幾乎每一臺筆電、電視、路由器、手機裡都有它的產品，股價更是來到503元（2025年6月9日收盤價）。

冠軍操盤人黃嘉斌獲利的口訣

台積電，依然是外資最愛

國內的企業生態，大多比較「速成」、「近利」，對於核心技術著力較少，因此鮮少有獨占性利基。就以 IC 設計龍頭——聯發科（2454）來看，它也是從山寨市場起家，技術的原創性較少。不過，聯發科經過多年的努力，現在比起國際大廠已毫不遜色。

尤其聯發科專注於手機「公版」，不僅提供整體服務，更將手機主機板的效能達到最佳化設計。此策略巧妙的將個人電腦組裝市場的成功模式，複製到手機上，讓聯發科在白牌手機市場中得以獨占鰲頭，維持亮眼的獲利，更成為國內 IC 設計公司唯一「多代拳

【圖表 1-20】聯發科（2454）月線圖

聯發科 2025 年 6 月 10 日成交價來到 1,335 元，是當初掛牌價的 4.8 倍。

資料來源：鉅亨網。

第一章：我這樣選股，一年獲利76.3％

王」的企業。

聯發科從2001年上市以來，除了在2008年金融海嘯期間，股價曾經跌破200元之外，都一直維持著高股價。當年聯發科是以278元的高價掛牌上市，如今股價已來到1,335元（2025年6月10日收盤價），獲利倍數約4.8倍。

不過，若要說哪一家公司是外資的最愛？那就非台積電（2330）莫屬了。台積電以獨特的企業創意，將過去整合在IDM半導體廠的業務，獨立出來為IC設計公司提供代工的服務，並且創造「Foundry」這個專有名詞與產業。

台積電的存在，無疑對半導體產業有卓越的貢獻，也讓許多具

【圖表1-21】台積電（2330）K線圖

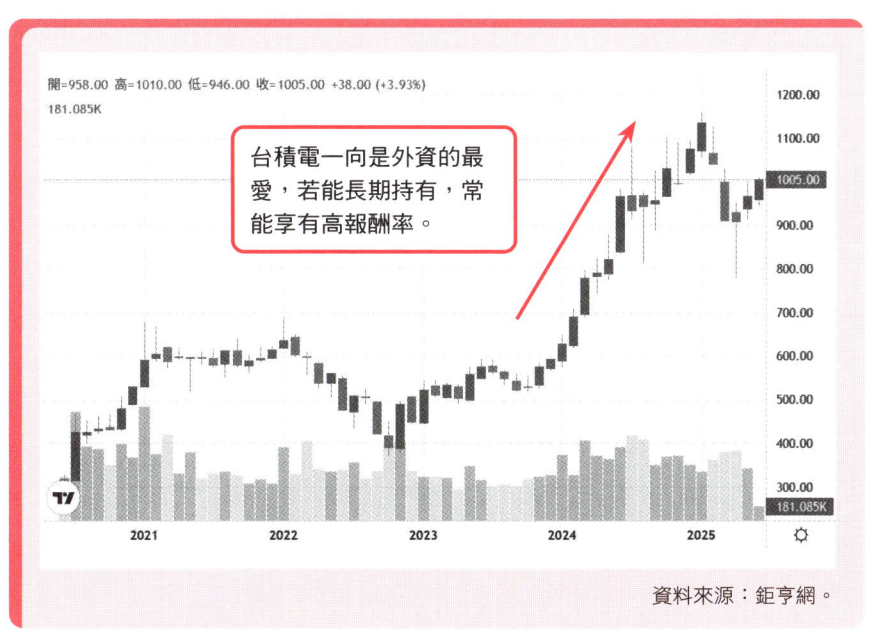

台積電一向是外資的最愛，若能長期持有，常能享有高報酬率。

資料來源：鉅亨網。

冠軍操盤人黃嘉斌獲利的口訣

有獨特創意的IC設計公司得以展現實力。這項貢獻也對於長期持有台積電股票的股東，有著非常大的回饋。公司股價自上市第一年的每股96元，到2025年6月10日收盤價1,005元計算，獲利倍數約10.5倍。**可以說在任何時候買進它，只要長期持有，皆能享有高報酬率**，這也難怪外資一向最愛它了。

長期持有是對的，但前提是獨占利基

前面提及的統一超、國巨、聯發科、台積電等四家公司，分屬通路、傳產電子、高科技的半導體產業，若是論及創意與獨占利基，還是以台積電最為優秀，不僅股價表現累計漲幅最大，而且仍在上升的軌道上。

其次則是聯發科，因為它的晶片提供造就大陸白牌市場的發展，這雖然不算是全新的概念，但是戮力於技術深耕的工作，幾乎是國內唯一可以站在世界IC設計舞臺上的企業，因此長期報酬率自是不遑多讓。

至於統一超，率先將國外的連鎖超商引進臺灣，有先進者的優勢，加上企業肯扎根經營，所以股價也是長期穩健的成長。縱使統一超的報酬率略遜於前兩者，但仍是相當可觀。

大型化後的國巨還是回歸到產業特性——景氣循環類型，之後再經過瘦身改造才能維持不錯的股價。但縱使如此，公司股價仍難以回到全盛時。

由此可知，當獨占利基的時間越長，獨占力便越強，累計報酬率也會越高。

第一章：我這樣選股，一年獲利76.3％

投資專家總愛說股票要長期持有，殊不知若持有的不是具備獨占利基的企業，到最後就怕仍是血本無歸。雖然具備這類條件的企業著實不多，但只要一經發掘，請切記：「時間會是你的好朋友。」能持有越久，報酬率就會大得驚人！

【黃嘉斌的獲利重點】

1. 企業若因技術或是行銷模式，掌握特殊利基，就值得長期持有該標的。
2. 當獨占利基的時間越長，獨占力就越強，累計報酬率也越高。

第七節
你收到的是LINE？
還是lie？

經濟學上有一個非常著名的「蛛網理論」（Cobweb Theory，詳見右頁），是一種說明商品價格交易量變化的動態均衡理論，之所以會發生這種現象、形成蛛網理論，是因為商品供需的時間落差所造成。現實生活中，這種情形經常發生。

特別是在股市，常常可以看到這種「類蛛網理論」的追價行為，之所以產生這樣的現象，導因於類似供需時間落差的「交易資訊不平衡」，或是接收了「錯誤訊息」，使得投資人錯估「均衡價格」。簡單的說，就是落後的資訊或是錯誤的訊息，讓投資人高估股票的價值，因而追價買進。

這種資訊不對稱的現象，在股市投資裡不能說是完全不公平（但內線交易、惡意散播謠言者除外），畢竟每個人的用功程度不同、投入心血也不同，對於資訊的取得與敏感度自然不一樣，這也是我一直鼓勵投資人要多做功課的原因之一，功夫下得深，自然會得到「先進者優勢」。

過去，資訊流通較為緩慢，但網路普及化改變了一切，特別是從電子郵件（E-mail）開始風行後，資訊傳輸的速度一日千里，資訊來源更多元、更快速，也有效縮短股票交易資訊不對稱的現象。

第一章：我這樣選股，一年獲利76.3％

投資學堂

漲了跌、跌了漲：蛛網理論

指商品價格與產量變動相互影響，引起規律性的循環變動，這種連續變動用圖形表示很像是蜘蛛網。1934年，英國著名的經濟學家尼古拉斯·卡爾多（Nicholas Kaldor），便將此命名為「蛛網理論」，為一種動態均衡分析。

以下圖為例，一開始價格在P1時，市場的需求數量是Q1，但是供應者在P1的價格只願意提供Q2的數量，也就是說，供應者只提供Q2的數量來滿足消費者，此時市場願意用P2（由P1上漲到P2）的價格購買；當價格在P2的水準下，供應商願意提供Q3的數量；當市場有Q3的供給量時，市場願意接受的價格由P2下跌到P3，這個過程周而復始，直到市場能真正掌握供需資訊，達到均衡價格（E）。若有新的變數，才會再影響供需變化。

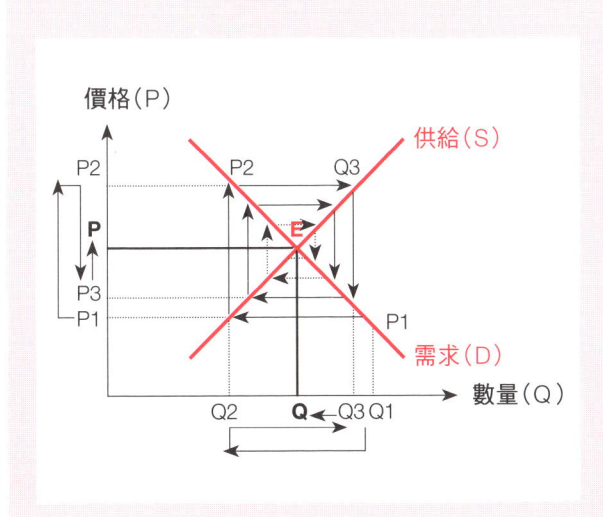

均衡價格應該是由當期需求與當期供給所達成，然而實務上，因資訊不完整，所以用前一期的需求來決定當期的供給，才會造成價格與數量反覆調整的結果。

冠軍操盤人黃嘉斌獲利的口訣

看到黑影就開槍,難怪被套牢

記得我在1990年代初入證券市場,當時最普及、最快速的訊息傳遞工具是電話與傳真機,股市訊息透過一般管道要傳遍市場(由自己發出,再輾轉回傳到自己身上),估計約需一星期的時間。但是到了2000年電子郵件逐漸普及後,大概一天就夠了。

印象最深刻的一件事,就是有次公司內部召開例行性的投資月會,前一天下午才完成資料,結果隔天早上開會前,同事說已收到從外面朋友傳來開會的資料內容。不過,這在即時通訊軟體(LINE、WeChat〔微信〕)盛行的現在已經不算什麼了,有時開完投資決策會議、獲得結論,才過10分鐘,同業友人便將結論內容傳給我,而且他傳來的內容與我們在公司會議中所做的結論完全相同,真是令人咋舌!

由此可見,資訊傳遞的時間落差幾乎已不存在了。對一般投資人來說這是好事,只是股價對利多、利空的反應速度也會加快,因此下決策的反應時間也必須縮短,甚至投資的流程也會因而改變。

過去投資人接收訊息後,通常會先觀察或查證,再決定買賣動作。現在資訊亂竄,導致股價波動變化快速,很多人還來不及查證資訊是否正確,一看到黑影就開槍,甚至看到股價上漲或下跌(只要股價有反應),就認為訊息有七、八分的可信度,這是倒果為因、很可怕的扭曲行為。

第一章：我這樣選股，一年獲利76.3％

錯過投機無所謂，錯過投資才可惜

　　當即時通訊軟體日益盛行、投資人的決策過程越來越粗糙，那些原本在股票市場常有的不實訊息，就更加有機可乘、益發猖獗了。面對眾說紛紜的訊息，我們不禁要問：「這是LINE？還是 lie？」、「是 WeChat？還是 We cheat？」

　　事實上，的確有部分不肖的法人「充分」利用專業知識及這些通訊工具，先行買進個股後，再參雜令人難辨的錯誤訊息傳遞出去，等到這些訊息經由他人再度回傳至自己時，便迅速出脫持股，先賺一筆。

　　之所以會出現這種現象，除了科技進步、人謀不臧外，政府在制度上鼓勵短線操作的推波助瀾，也是重要原因。提出這種現象的重點不在批評誰是誰非，而是要投資人看清市場脈動，以利做出正確的投資決策，避免掉落陷阱中。

　　該如何因應這個日益險惡、爾虞我詐的市場？我認為**個股的基本面，永遠是最佳的判斷依據**。

　　投資人只要功力扎實，自然不容易掉落錯誤訊息的陷阱中，甚至還能利用錯誤訊息，反向操作，低買高賣，擴大投資戰果。一般投資人成為先知先覺者或許較難，但是想要長期在股市中打滾，至少要試著找到這類贏家為師，如此一來，在資訊研判的正確性上會提高很多。

　　不過，還得要有心理準備，若是覺得錯過了許多短線的「投機」機會，千萬不要覺得可惜，因為看得到不見得就賺得到，而且風險大於報酬，當時間拉長一點再回頭去看，常會發現這樣的訊息

傳出時，大多數情況會在高點區。

別忘了！這時你該請教的是懂得分辨訊息真偽的贏家，那些贏家的投資特質之一，就是不放過賺有把握的錢的機會，但絕不冒險在自己不懂的投機上。對他們來說，錯過投機無所謂，錯過投資才可惜。

面對消息傳言，兩方法快速確認

最常見且最吸引人的訊息，不外乎是預期獲利的爆發性，如傳出公司接到大單、法人預估公司今年EPS上看○○元，或是主力買進某支個股，目標價上看○○元等。一般來說，傳聞的獲利與主力目標價都是以倍數起跳，換句話說，這就是未來的飆股。

但回過頭來思考，市場傳布的訊息內容中，假若公司的股價與獲利沒有倍增，要如何吸引投資人的注意？這時得回歸企業的營運面來思考，倍增的獲利要怎麼辦到？合理性有多少？

接著，至少要做兩項確認：一是**檢視公司過去的損益、營收狀況**，然後判斷訊息的可能性有多高；二是**上網查詢該公司過去的信用是否良好**？訊息內容是新聞還是舊聞？決策前先做這兩件事，其實花不了太多時間，卻可過濾掉7、8成的不實訊息。

當市場脈動加快，如果你是一位盤感敏銳的短線交易員（Trader），那麼不斷的交易、換股操作，充分利用資訊造成的波動迅速進出，也是不錯的交易方式。但如果你只是**一般投資人**，以靜制動反而是較好的方法，**只需要專注在自己熟悉基本面的個股上**。

總之，投資切忌盲從，若不想擾亂買進賣出的節奏，「定、

第一章：我這樣選股，一年獲利76.3％

靜、安、慮」這四字箴言（詳細內容請見第二章第二節介紹），就是面對訊息紛擾時最好的因應之道。

【黃嘉斌的獲利重點】

1. 資訊傳遞的時間落差已不存在，股價對利多、利空的反應速度也會加快。
2. 錯過投機無所謂，錯過投資才可惜。
3. 檢視公司的損益與營收，查詢過去的信用是否良好，以過濾不實訊息。

第二章

等待不只是美德，我比別人多賺一倍

冠軍操盤人黃嘉斌獲利的口訣

第一節
短線不成務必退場，
別變成「長期投資」

悶啊！你的名字叫台股。

台股的結構一直在調整，成長的動能減緩，波動度也改變了。政府採取許多新措施，例如證券交易稅（簡稱證交稅）的課徵、開放現股當沖、股息加徵 2.11％ 的二代健保補充保費，以及扣抵率減半等，都影響著股市長期的發展。至於這些措施是好或壞，隨著實施時間的長短，其影響性自然會在股價、成交量這兩個數字表現出來，一點都騙不了人。所以**悶，似乎是台股常有的表現**。

持股歸零，心態也會歸零

上午 9 點整，股市開盤，指數開出小高，但是沒量，盤面上遍尋不著主流股，前幾天漲勢強勁的生技股好像要休息了。

（心裡 OS：「是不是該換手操作呢？」）

晚上蘋果公司要公布財報，雖然 iPhone 16 已正式發表，但市場看法偏向保守，相關概念股不漲反跌，看似逆向而行。

（心裡 OS：「蘋果公司到底成長了多少？希望這次傳來的是好消息……。」）

接近上午 10 點鐘，大盤指數開始翻黑。

第二章：等待不只是美德，我比別人多賺一倍

投資學堂

與股市有關的措施，你不可不知！

- **券商手續費**：買賣股票時，券商會各收取一次手續費，手續費以成交金額的 0.1425% 計算，若整股交易手續費未滿 20 元，則以 20 元計費。

- **證交稅**：證券交易稅是政府對投資人所課徵的稅，目前臺灣只有在賣出股票時才課徵證交稅，買進股票時不會課徵。如果是賣公司發行的股票（如台積電），證交稅為 0.3%；賣出 ETF（如元大台灣 50〔0050〕），證交稅為 0.1%。若是現股當沖，則證交稅為 0.15%。

- **管理費、保管費**：如果你是投資 ETF，除了買賣時的手續費、賣出時的證交稅外，持有期間「每天」還會扣除管理費和保管費，且每一檔 ETF 的管理費和保管費都不同，購買前須特別留意。

- **零股交易**：零股是指少於 1 張（1 張 = 1,000 股）的股票單位。投資人可透過零股交易以較小金額投資個股，特別適合資金有限或想分散風險的投資人。

目前零股交易時間分為「盤中」及「盤後」。盤中零股交易時間為交易日的 9：00 至 13：30，上午 9：10 起第一次撮合，之後每 5 秒以集合競價撮合。盤後零股交易時間為交易日的 13：40 至 14：30。所有的盤後零股交易都會統一在 14：30 一次性競價搓合。

- **健保補充保費**：二代健保對於股票股利補充保費規定，單筆領取的股息、股利，只要超過 2 萬元，就必須課徵「補充保費」，計算方式為：超過 2 萬元的股票股利金額 ×2.11%（補充保費費率），就是要繳的股票股利補充保費。

85

冠軍操盤人黃嘉斌獲利的口訣

> 要特別注意的是，若股票股利與現金股利為同一發放基準日，兩者必須合併計算；若為不同發放基準日，則分開計算。
>
> 當現金股利的金額不夠扣抵補充保費時，或是只有配股、但沒有配現金股利，因為沒有現金可以扣除，所以年底時，發放股票股利的公司會把資料交給健保署，屆時健保署會另外開立繳費單郵寄給投資人，前往指定地點或單位繳納。
>
> 資料來源：玉山證券、臺灣證券交易所、衛生福利部。

（心裡OS：「哇！怎麼會這樣？要不要賣呢？不然，還是再等一下好了。」）

中午12點30分後，大盤急殺，生技股漲多拉回。轉頭看看蘋果概念股，宏達電（2498）、TPK-KY（3673，宸鴻）都難逃毒手，股價下滑，果然是外資的傑作，居然賣超31億元！

（心裡OS：「來不及逃了，下一步該怎麼做呀？」）

盤後，看到美股道瓊工業平均指數（Dow Jones Industrial Average）上漲50點，歐股也都有0.5%以上的漲幅，反觀台股，卻是下殺取量，不僅盤中讓人悶，盤後更令人沮喪，真煩啊……。

以上場景有沒有很熟悉的感覺？

這應該是台股投資人經常面臨的心情。尤其是2008年金融海嘯過後的那幾年，無論多頭或空頭走勢，嚴格來講，台股都只是橫盤整理罷了！

雖然指數高低區間在1,500點上下，但充其量只是波動，營造

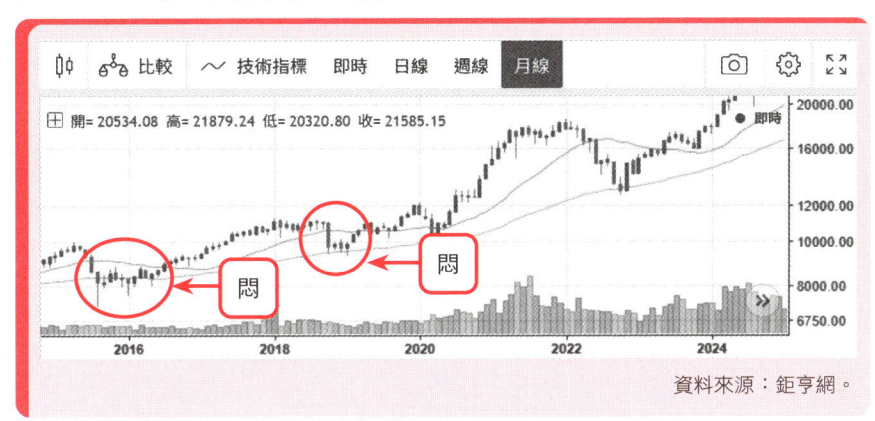

【圖表2-1】台股加權指數月線圖

資料來源：鉅亨網。

不出趨勢。不過，個股震盪卻相當激烈，伴隨著各類股的輪動，讓整體盤面顯得更加凌亂，實在很難理出頭緒。這時候，**控制情緒、跳脫情緒，甚至利用情緒作為決策依據**，是投資人必須學習的事。

過去，我不是一個有耐心的投資人，可是經過二十餘年股市沉浮的洗禮後，早已被磨出了耐性。從過去累積的經驗分析，我發現一個十分奇妙的結果：當我對台股的情緒「開始煩躁」，不消多久，大概就是一、兩個星期內，台股就會變盤！

短線不成，千萬別告訴自己「長期投資」

遇到悶行情、心情煩躁時，多數投資人會做出兩件事：一是眼不見為淨，乾脆當隻鴕鳥，選擇逃避；另一個則是砍光持股。這兩種做法都不好，尤其以鴕鳥心態最要不得。因為會讓人感到厭煩的狀況，除了指數陷入膠著外，通常持股內容大多處於虧損中，就算

冠軍操盤人黃嘉斌獲利的口訣

逃避了一時，等到回過神來，就會發現股價已經跌得更慘，最後還是得收拾殘局。

那麼，把持股殺光光好嗎？

這種方法雖然不妥當，但它的好處是，持股歸零後，心態也會歸零，比較能夠冷靜下來，客觀判斷未來的走勢。它的缺點是，砍完持股後通常會發現，竟然不小心錯殺一些原本表現還不錯的股票，所以有時還是得再買回來。

其實不只是面對悶行情，**當行情發展方向不如預期時**，我會更認真做功課，**重新檢視持股內容、買進的理由、基本面的變化**等。千萬別小看這樣的舉動，它能將注意力轉移到有益投資的事務上。此外，回想一下當初決定買進的原因，看看經過時間的流逝後，買進的理由是否仍站得住腳。

買股票最怕因投機不成（炒短線）而被套牢，然後捨不得賣，變成長期投資，卻又抱持著不賣就不會賠的鴕鳥心態。在股市投資上，我經常告誡自己：基本面很重要，但是股價會說話，**當股價與想像中的發展方向不同時，很有可能是公司的基本面已經改變**，我們卻還不知道，或者一開始得到的資訊就是錯誤的。

即使是公司內部的人士也無法了解全部資訊，所以絕對不可過度自信，認為一切都在掌握中。我認識幾位優秀的同業，總是將「一切都在掌握中」掛在嘴邊，或許是自信心的展現，也或許是他們的口頭禪，不過據我所知，這幾位優秀的同業後來就從股市操作中消失了。

【圖表 2-2】面對悶行情,投資人該檢視哪些項目?

檢視持股內容	1. 有哪些個股? 2. 各標的占持股總數多少比例? 3. 分屬哪些族群? 4. 各占資金配置多少比例? 5. ……
檢視買進理由	1. 做短線、中線,或長期投資? 2. 獲利佳?營業額成長? 3. 受惠於某項利多因素? 4. 是否為景氣循環股? 5. ……
檢視基本面變化	1. 近期營收的增減幅度為何? 2. 每股盈餘(EPS)數字如何變化? 3. 股市評價第一指標——本益比的數據高或低? 4. 股價淨值比(請見第121頁說明)是否被高估或低評? 5. 長期投資必須留意的股息殖利率及股東權益報酬率,這兩者數值如何? 6. ……
	(以上為初步羅列的檢視內容,投資人可以根據自己的需求增減。)

冠軍操盤人黃嘉斌獲利的口訣

方寸大亂時，要壯士斷腕砍光重練

面對漂移不定的行情，投資人難免心浮氣躁，若能依照上述方法重新檢視持股，有7、8成的機會可以平安度過。萬一投資步伐慌亂，那就很危險，除了容易出現追高殺低的情形，也會讓持股配置內容全部亂了套，結果無論大盤上漲或下跌，所投資個股的淨值依然減損，因此出脫持股，先撤出資金，冷靜下來，有時反而是最務實的做法。

這樣有可能錯殺好股票嗎？當然可能，但是方寸已亂時，當下也沒有能力去判斷好股或壞股了，若有能力，又怎麼會讓投資步伐亂了套？所以我才會說，「步伐一亂就先撤出」或許不是最好的方法，卻是最務實的做法。

如果你問我，有沒有人可以在行進間調整步伐，利用很短的時間，就大換股完成，甚至執行多空持股易位的？有，而且我還見過不少，但這種**高手**除了**有嚴格的投資紀律與事前計畫**，性格上也比一般人冷靜，真是天生吃這行飯的人。

只要身處股票市場，就避免不了「悶、煩、亂」，多做功課就能靜下心，退出觀望就能保存實力，持股與心態都重新調整後再上戰場。股市是社會的縮影，用最快的速度播放人類的貪婪與恐懼，一切因應之道無他，唯「心」而已。

第二章：等待不只是美德，我比別人多賺一倍

【黃嘉斌的獲利重點】

1. 控制情緒、跳脫情緒，利用情緒作為決策依據。
2. 當行情發展方向不如預期時，要重新檢視個股基本面的變化。
3. 投資步伐一亂，乾脆撤出資金、砍掉重練。

冠軍操盤人黃嘉斌獲利的口訣

第二節
不動作是思考後的結果，不是放著

「這是什麼爛盤？開高走低，一早買的股票又被套住了！」
「好煩哪！怎麼又跌下來啦？算了，不想理它了。」
「昨天美股大跌，今天台股恐怕也軟趴趴，懶得看了。」

每當指數出現連續一段期間的修正，就很容易聽見投資人發出以上的牢騷。事實上，我在股市操作二十多年發現，每當股票開始下跌，許多投資人總是信心滿滿、勇於逢低承接，接著股票續跌，持股比例也來到高水位。但是之後股價卻未見彈升，投資人開始忐忑不安，心想會不會買錯了？

結果，股價真的不漲反跌，這下子投資人慌亂了，猶豫著是否該砍掉持股、斷尾求生？但是，一想到賣光會賠好多錢，萬一賣掉後卻漲了也很可惜，於是又咬牙撐過去。幾天後，股價果然反彈，投資人見獵心喜，原本已決定要賣出的，現在又想等股票反彈多一些再脫手，但機會是不等人的，之後股價便直直往下落，最終還是只能含淚賣出。

有沒有覺得上述情況似曾相識？其實在1997年、2000年、2008年、2011年、2022年等，台股都曾出現幾次大幅度的修正（空頭時期），上面的情節便一再重演。回顧這段真實的情節，究

竟透露出哪些值得省思的意涵？

我的心得是，不思考、順著情緒走，然後完全沒有任何應變措施，就是導致歷史不斷重演的主因。

世上沒有「放著，當長期投資」這回事

或許你會說，股市投資中還是有人因長期「不動作」而致富的，比如在1990年代買到鴻海（2317）股票，放個10年後大賺，又或者買進大立光（3008）的股票都不管，最後也是累積成大錢。問題是，**這些長期持有、不動作者，真的是因為不動作而致富？還**

【圖表2-3】鴻海（2317）與大立光（3008）基本資料

公司名稱	股票代號	主要營收	每股盈餘（元）	歷年現金股利（元）
鴻海	2317	電子產品	2024年第2季：2.53 2024年第3季：3.55 2024年第4季：3.34 2025年第1季：3.03	2021年：5.2 2022年：5.3 2023年：5.4 2024年：5.8
大立光	3008	光學元件	2024年第2季：33.7 2024年第3季：49.67 2024年第4季：65.01 2025年第1季：48.28	2021年：70.1561 2022年：85.5 2023年：67.5 2024年：97.5

說明：投資人若經思考後，發現鴻海與大立光這兩支股票的基本面良好而買進，日後即使放著不動作，也能受惠於公司每年的配息來累積財富。

資料來源：YAHOO!奇摩股市。

冠軍操盤人黃嘉斌獲利的口訣

是因為選對股而致富？一次性的成功投資，可能是「偶然」，也可能是「必然」造成的，必須釐清獲利的原因。

以我來說，**不動作是經過思考後的決策，不是放著不管**。越是煩躁的時刻，越要有一套穩定情緒的標準流程。例如四書的《大學》裡提到：「大學之道，在明明德，在親民，在止於至善。知止而後有定，定而後能靜，靜而後能安，安而後能慮，慮而後能得。」定、靜、安、慮這四個字不僅用於修身養性，對於投資策略也很適用。

所謂的定，是指對於股市的投資方向、目標要明確，對於自己的投資性格、專長與定位要認清，搞清楚你是長期的投資家，還是短線的投機客。

比方說創投業者的定位是以長期投資為主，衡量投資的標準與研究方向，就是著眼於基本面中的產業、CEO（執行長）背景、技術等長期要素，短期間的波動並不在考量範圍，這類人大多具有專業背景，同時也有耐心，所以認清自己就是「定」的展現。

想清楚定位後，對於股價波動就不會慌亂，心情不躁動，這是「靜」。當心情不躁動，即使面對指數下跌，仍能心「安」。「靜」與「安」是投資心理素質的養成，畢竟每個人都有與生俱來的個性差異，所以增強信心、迴避錯誤的最佳方法，就是在個股基本面多花時間研究。當基本面的功夫越強，做的研究越扎實，心理素質將越強大、不會妄動。

只要不受到外在環境影響，維持目標與定位明確，自然可以做出冷靜客觀的思考。在短期內，當決策方向與股價走勢出現背離時，便要隨時提醒自己「莫忘初衷」，檢視當初決策的理由是不是

還存在？或者，當初的研判是否正確？盡量避免自己因一時的情緒波動，而隨著股價起舞去買進、賣出，這便是「慮」的具體展現。

最後，透過正確思考所做的決策，大多會「得」到獲利的結果。別小看這套古人智慧，用於現代股市投資的決策流程，特別是強化投資心理素質上，真的很有幫助。

用長線基本面操作短線，當然賠錢

經常有人問我可以買哪些股票，我通常會反問對方，是偏向長期投資還是短期投機？但是最常聽到的答案就是：「只要會漲的股票都可以。」雖然這個回答最直接，卻也類似「大哉問」，最令我感到頭痛。

因為過去我曾直接將看好的股票告知投資人，結果一個月後股價大漲，他卻抱怨沒賺到錢，還賠了不少。原因就出在那支股票先下跌1成左右才開始上漲，而我與他對於投資「定」位的認知並不一致，適合長期投資者往往賺不來短線的錢，反之亦然。

當定位不清楚的時候，投資的決策便會受到環境與股價波動的影響，無法讓自己「靜」下心來，維持「安」心的狀態，自然思「慮」就不夠客觀縝密，以做出正確的判斷，結果當然是無法獲利賺錢。或許有些人「八字好」，隨便投資都能賺到錢，但是長期倚賴運氣，終會有用盡的一天，正確的思考邏輯才是貼近投資獲利的方法。

此外，再提醒一個投資常犯的錯誤，就是投資人很會想、想很多，卻不務實。這裡所說的思考是在學習之後的思考，而不是天馬

冠軍操盤人黃嘉斌獲利的口訣

行空、不著邊際的漫想,《論語》說得好:「思而不學則殆。」就是最佳註解。

在股票投資中做任何買進、賣出或是不動作都很簡單,但每個決定都必須經過審慎思考,即使最後的結果是錯的,都能在因為錯誤所繳的學費中有所得,也能奠定下次投資獲利的契機。

【黃嘉斌的獲利重點】

1. 一次性的成功投資,可能是偶然,也可能是必然所造成的結果。
2. 要買哪些股票?先確認你是長期投資,還是短期投機?
3. 定、靜、安、慮,讓你獲利!

第三節
股息無法致富，卻能避免踩地雷

在理財投資的刊物上，經常看見一些討論或介紹某投資素人，以存股方式致富的故事，令我不禁好奇，也想好好研究這些不算起眼的投資標的，為什麼在長期買進後可以創造豐厚的報酬？因為這也和我向來以「成長股」為偏好的投資型態，有很大的不同。

靠股息致富很難，5 年發財靠股價上漲

剖析這些屬於定存類型的投資標的，以 5 年為期，累計報酬率後，就會發現一個很弔詭的現象。若以豐厚股息作為選股的依據，這類標的獲利通常很穩定，但是相對而言，成長性也較趨緩，每年配息也以現金股利為主。

先不考慮股價波動，即以一開始買進的價格作為固定本金，假設每年有 7% 股息殖利率，5 年後累計報酬率為 35%（7%×5＝35%），平均年報酬率就是 7%。基本上，這是單利的計算模式，而每年有 7% 的穩定股息收入其實還不錯，但是要靠 7% 的股息致富恐怕不容易，關鍵還是在於股票價格是否上漲。

舉例來說，假設每年都有相同的填權或填息，我們分別以股價 50 元買進 A、B 兩檔股票各 1 張（1,000 股），A 股每年配發 2 元現

冠軍操盤人黃嘉斌獲利的口訣

金股利，B股則是配發2元股票股利，經過5年後，A、B兩檔股票呈現的結果便大不相同（見圖表2-4）。

【圖表2-4】配發現金或股票，將影響報酬率

公司	買進1,000股原始資金	配息狀況	總資金	報酬率
A	5萬元（50元×1,000股＝50,000元）	現金股利：2元（2元×1,000股＝2,000元）	5.2萬元（50,000元＋2,000元＝52,000元）	4%（2,000÷50,000＝0.04）
B	5萬元（50元×1,000股＝50,000元）	股票股利：2元（股票股利2元等於200股，每股50元×200股＝10,000元）	6萬元（50,000元＋10,000元＝60,000元）	20%（10,000÷50,000＝0.20）

A股的現金殖利率為每年4％，也就是說，「完全填息」的報酬率為4％，B股「完全填權」則是20％的報酬率。如果配發的股票股利都不賣出，且連續5年都是一樣的配息方式，那麼5年下來的累計報酬率將達1.49倍，平均每年報酬率達到29.8％，這就是「複利」的效果。

不過，實務上，若以配發現金股利的方式，通常投資人收取現金股利後，再投入購買股票的機會較少，導致投資報酬以單利的方式累積，因此同樣是5年累計報酬率，收取現金與股票股利這兩者相差高達七倍多。

第二章：等待不只是美德，我比別人多賺一倍

> **投資學堂**
>
> ## 股息殖利率如何計算？
>
> 股息殖利率（％）＝股息÷股價。
>
> 股息配發會受到公司的年度經營績效影響，所以投資人如果只以單一年度的股息殖利率來考量，很容易失去客觀性。若能以3年至5年的數據為準，較可以做出正確的決策。

上述分析或許會讓你覺得怪怪的，因為兩者的比較基礎不太一樣，所以結果差距甚大。沒錯！確實如此。我是故意拿基礎不同的投資來做比較，原因在於實務與理論本來就有差距，用理論來計算是數學問題，但投資要考量的是實務問題──股票股利不會年年相同，現金股利則幾乎沒有人會再全投入同一檔股票。

如同前文提到的，現金股利入帳後，一般投資人通常不會再投入，而長期投資者卻會拿去再投資股票，因此能有複利效果。再者，以配息為主的公司成長性較差，配股為主的公司則相對穩健，所以一開始買進價格雖然相同，但是公司發展與配息狀況不同，時間拉長，自然會產生很大的差距。

長期投資者先求穩，再求成長

儘管配發股息無法讓人致富，但是以股息作為長期投資標的並

冠軍操盤人黃嘉斌獲利的口訣

持有,卻有兩個重要意涵:首先,一家可以長期穩定配發豐厚股息的公司,至少表示它獲利不錯、經營穩健,也象徵它在同業中具備某些利基。長期持有這類公司的股票,只要價位適當,下跌的風險有限,甚至波動幅度也不大。當股價受到系統性風險影響或是被大盤拖累而走跌,因為它每年配發的股息不低,足以支付投資人要求的風險貼水及持有的成本,所以「不賣就不用認列虧損」,自然不會打擊投資人長期持有的信心。

投資學堂

什麼是風險貼水?

投資人對於投資風險會要求較高的報酬率,以彌補投資過程中必須承受的高風險。一般來說,因風險幾近於零,所以類似政府公債或國庫券的利率被稱為「無風險利率」,但除了這些標的以外的投資,報酬都必須高於無風險利率,否則投資人將不願無條件的承受較高風險,而高於無風險利率的額外報酬就是風險貼水。

其次,景氣本來就有高有低,景氣熱絡時股票的評價會提高,比如合理的本益比由 10 倍調升至 15 倍,在獲利相同的情形下,股價可以漲 5 成。一般來說,股市的循環或是一個產業的循環,通常 5 年的期間至少會分別遇到一次高峰與低谷,選擇股市低谷期仍有獲利、配發股息的公司,未來就有機會賺到(市場)評價提高的紅

利。對於長期投資者而言，先求穩（安全），再求成長，是最佳的操作原則。

殖利率掉到2％至3％時，出脫持股

透過股息殖利率方式來選股，最大的好處是比較不容易選到地雷股，還可以利用很容易取得的公開資訊，例如歷史財報資料作為評估標準，這對投資人來說相當有利，只是有幾件事要特別留意：

・最好是有長期投資的打算，期間以3年至5年為原則。

・**計算股息殖利率，至少要參考過去5年的配息資料**，一般以10年期公債殖利率的1.5倍至2倍為標準，只要超過都算合格。

・所選的公司必須連續5年內都沒有虧錢，如果連金融海嘯期間（2008年至2009年）都能維持獲利狀態，就表示公司獲利相當穩健，或者就是產業中的翹楚。

投資人的性格取向決定投資方式的選擇，完全以股息為考量者，是保守型的投資人；至於以成長為選股依據者，則屬於積極型的投資人。究竟該怎麼做，股息殖利率的選股模式才能兼具防禦（保守）與攻擊（積極）？

如前文所提，穩健的股息只能提供「保本」與「心安」，並無法致富，所以建議將現金股利與股票股利合併計算，而且**股票股利至少以每年可以配發1元以上為原則**，才有機會達到複利的效果。

此外，一家公司配發股利的原則與考量，通常會參考該公司

冠軍操盤人黃嘉斌獲利的口訣

未來的成長性,換句話說,每年膨脹股本1成,就是隱含每年營運將有增加1成的表現,這從股票股利配發中便能窺出端倪。不過,若是發放股票股利3元以上者,投資人反而該留意公司發展的實況(因為如果實際獲利跟不上,反而會稀釋每股價值)。

即使是長期保守的投資人,在持有股票的過程中,我也建議仍要適度的調整持股,既然是以股息殖利率作為選股的起點,當**股息殖利率掉落到2%至3%的水準時,就應該出脫持股**。一方面因為股價已經上漲,既然價差豐厚,股息自然不重要。

另一方面,如果股價沒有太多變化,公司配發的股息殖利率卻下滑,就表示該公司在長期營運上已有變化,很可能是將有大動作的資本支出,這時就要特別注意是好消息還是壞消息,或者是營運狀況變差,導致配發的股息變少了。

最後要提醒的是,當公司配發股息股利後,為了要填權,股價通常會下跌,如果公司基本面良好,日後填權、回到原先價位沒有問題,但若是公司體質或成長性欠佳,那麼不僅無法填權,股價也可能往下落,這時想藉由股息賺錢的計畫就得喊停。所以選股上,還是以公司的基本面為優先。

【黃嘉斌的獲利重點】

1. 長期投資者應先求穩(安全),再求成長。
2. 用股息殖利率方式選股,比較不容易選到地雷股。
3. 股票股利至少每年要配發1元以上,當股息殖利率掉到2%至3%就出脫持股。

第四節
等待不只是美德，是賺錢大絕招

《孫子・九地篇》中提到：「是故始如處女，敵人開戶；後如脫兔，敵不及拒。」意思是說，軍隊在沒有行動時，要像還沒有出嫁的女子那樣沉靜，一旦展開行動，就要像脫逃的兔子那般敏捷，就是一般常說的「靜若處子，動若脫兔」。

股市投資也一樣。想一想，股票市場大多數的時間，不都是在等待嗎？所以「等待是一種美德」，更是投資不可或缺的一環，一旦到達賣出時機，就得當機立斷、迅速脫手。

在等待過程中，其實是很有哲理與內涵的，絕對不是呆呆的等待，或者眼不見為淨的關掉電腦、啥事都不做，等待至少包含兩個重要的積極內涵：

盤中做決策，就等著被指數玩弄

第一個意涵是，為接下來的行情積極做準備。**在行情來臨前，最好先一步擬定好買進的計畫，包括多少價位買進多少、預計持股加到幾成等**，否則就算對行情趨勢研判正確，恐怕也只是可惜了得來不易的行情，最終的報酬率一定不如預期。

更慘的是，若行情發展是向下修正，卻沒能事前做好因應準

冠軍操盤人黃嘉斌獲利的口訣

備，將會令人措手不及，辛苦多時、一點一滴累積的盈餘也會在瞬間化為烏有，樓起需要相當時間的循序漸進才能完成，但是樓塌卻總在轉瞬之間。

股價哪能盡如人意的按計畫進行？沒錯，但是擬定計畫有兩個非常重要的目的，第一個目的是，唯有如此才能不受干擾，進而以理性思考，做出決策，避免情緒化的買賣。尤其，投資人在盤中所做的決策，往往容易受到指數波動的影響，做出追高殺低的交易行為。一直以來，貪婪與恐懼就是投資的大敵，事前做好規畫，正是克服這個敵人最好的方法。

第二個目的是，提出一個可參考的依據。雖然事前計畫不見得是影響投資獲利的唯一要素，但有了這個思考過程作為依據，才能在行進間觀察走勢是否有偏離假設，並對趨勢預估隨時做出修正。

計畫與假設原本就具有不確定性，要隨著時間與新資訊取得不斷進行修正，即所謂的「滾動式預測」（Rolling forecast），再從其中的差異做檢討，這才是事前計畫最重要的目的。等待其實是動態、忙碌的，包括思考規畫與動態的蒐集資料。

太早進場買，小心賣在起漲點

等待的第二個意涵是，為了尋找行情啟動點。盤面有上千餘檔股票，無時無刻跳動不已，就算理性的決策告訴我們，某支個股的未來趨勢向上，但是在股價開始上漲前，沒有人敢確定將來會如何發展。

如果過早進入市場，又在期間不停交易，最後很容易讓人「買

第二章：等待不只是美德，我比別人多賺一倍

在起漲點，卻也賣在起漲點」。儘管事後證明那是一檔飆股，但因過早投入，時間往往就是風險所在。而這個風險來自於不確定造成的風險貼水加上機會成本，所以投資人更需要的是付出耐心。

記得 2006 年時，群聯（8299）公司一直有非常穩健的獲利（見圖表 2-5），除了有金士頓（Kingston）、東芝（Toshiba）這兩家堅實的股東當後盾，產製的快閃記憶體（Flash Memory）應用也處於快速成長的階段，整體而言，真是不可多得的好公司。

【圖表 2-5】群聯（8299）基本資料

公司名稱	股票代號	主要營收	每股盈餘（元）	2024年配股（元）
群聯	8299	矽碟機、控制晶片	2024 年第 2 季：11.97 2024 年第 3 季：3.37 2024 年第 4 季：11.71 2025 年第 1 季：5.53	現金股利：25.1236

資料來源：YAHOO!奇摩股市。

不過，如果早在 2006 年初就買進群聯，那麼在行情真正飆漲之前，有長達 10 個月之久的時間，股價在 150 元至 180 元之間起起伏伏，甚至在 2008 年 9 月還一度跌落至百元以下，跌幅超過 3 成以上。我想，多數的持有者應該是以停損出場。

接著，經歷兩個月的時間，群聯股價又緩步回到之前的整理區間，一個月後才正式啟動行情。連當初輔導群聯上市的承銷商研究部門出具的報告，都把目標價訂在 180 元至 200 元，所以 150 元以

冠軍操盤人黃嘉斌獲利的口訣

下沒有停損的投資人,應該也會在上述價格區間出脫持股。

但是他們都沒想到,這是群聯正式飆漲前最後的買點,自此開始急漲,才9個月的時間,股價最高漲到739元(見圖表2-6),甚至在2024年4月底,更曾一度漲到785元,即便是現在(2025年6月3日)群聯股價也有506元。回過頭來看那些太早進場者,不是停損出場,就是買在起漲點,之後卻因缺乏耐心而又賣在起漲點。

【圖表2-6】群聯(8299)月線圖

群聯於2007年7月來到739元新高價位。

飆漲前,群聯的股價在150元至180元之間波動。

資料來源:群益金融網。

106

第二章：等待不只是美德，我比別人多賺一倍

嚴守我的「等待原則」，賺一倍「就夠了」

這場戰役讓我記憶猶新，因為當時的我深知，記憶體需求受到季節性因素影響甚大，公司的業績與股價之間會有很大的連動性，所以選擇6月、7月的淡季，作為第一次的買進時點。當股價脫離持有成本後，也開始進入旺季，再於9月擴大投資，靜待旺季效應發酵。

同時，除了等待，我也不斷追蹤群聯的業績變化，以及快閃記憶體的報價等資料。儘管市場上的研究報告多以200元為目標價，但是我大膽預估：「200元以上的股價，將是群聯的常態。」

不過，我並沒有一直抱到七字頭的股價才出脫，而是在四百多元時便選擇退場。因為從基本面的角度來看，群聯的本益比已經從20倍向30倍靠攏，有評價過高的現象。再者，市場居然傳出群聯一個月可以賺2元或3元等說法，就連公司經營高層都對這些數字感到詫異。

果然，之後群聯股價進入泡沫化階段。當時有兩個星期的時間，因投資人瘋狂追價，群聯股價直接由四百多元飆漲至七百多元，但我不認為自己錯失了這段股價噴出，因為才一個星期泡沫便告破裂，群聯再度跌回四百多元。緊接著，繼續多殺多，又回到起漲點的200元。

這次的投資經驗中，我確實遵守了等待的精義，首先認真看待季節性因素的影響，直到淡季效應的發酵、造成股價下跌後才出手買進，以縮短等待時間，降低時間風險。這段期間仍然不間斷的做功課，留意可能的發動點，再針對買進時點、價位、張數做計畫。

107

冠軍操盤人黃嘉斌獲利的口訣

最後,在股價強度超出預期之際未隨之起舞,得以認清最後上漲階段的泡沫本質,選擇提早退場。

平心而論,出脫持股後才短短兩個星期,群聯就上漲兩百餘元,與我持有將近一年時間的獲利總金額竟然相差無幾,當下還是會覺得鬱卒,然而回頭想想,真能抱股到七百多元才賣出的人,我相信一定很少,因為追高者多,股價下跌後仍期待它漲的人更多,所以最終大多會是賠錢出場。由此可見,正確等待是投資中不可或缺的一環,更是一門修養與學問。

【黃嘉斌的獲利重點】

1. 等待是動態、忙碌的,包括思考規畫與蒐集資料。
2. 過早進場最後不是停損出場,就是買在起漲點又賣在起漲點。

第三章

輸家追求勝率，
贏家累積報酬率

冠軍操盤人黃嘉斌獲利的口訣

第一節
「成長」才是股價上漲的唯一保證

股價上漲的原因很多，其中短期間的飆漲，以「轉機類型」的公司漲幅最為驚人。例如2013年否極泰來的記憶體產業中，華亞科（3474，已於2016年12月6日下市）自2012年11年21日由

【圖表3-1】華亞科（3474）週線圖

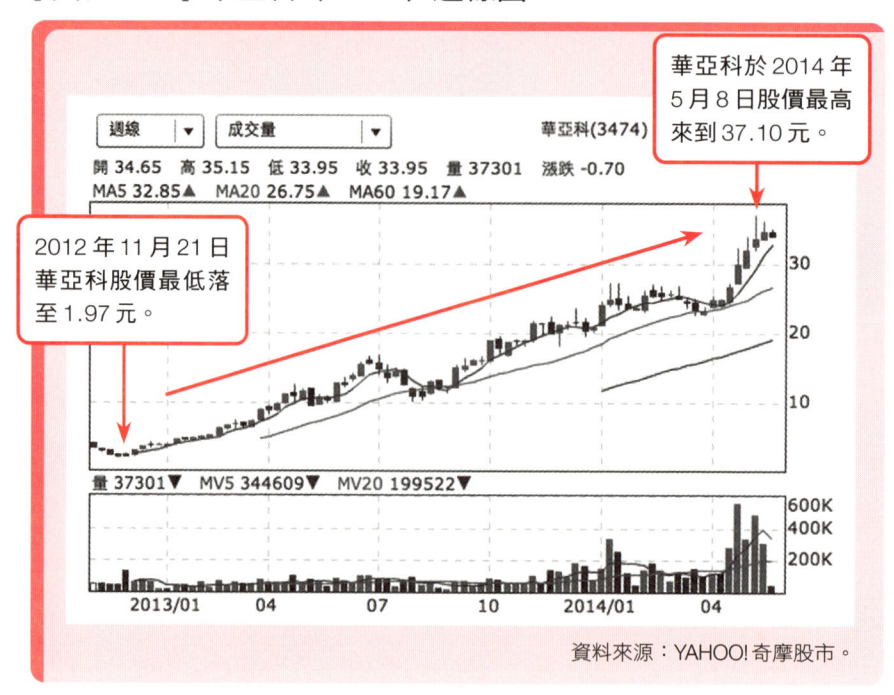

> 2012年11月21日華亞科股價最低落至1.97元。

> 華亞科於2014年5月8日股價最高來到37.10元。

資料來源：YAHOO!奇摩股市。

第三章：輸家追求勝率，贏家累積報酬率

1.97元，到2014年5月8日上漲至37.10元，漲幅高達18.83倍；南科（2408，2014年改名為南亞科）的股價表現雖不及華亞科，但也從1.20元上漲至6.58元，漲幅亦高達5.48倍。

儘管如此，水餃股企業可能面臨倒閉的風險，與全額交割股的限制，成為投資下手的最大障礙。即使華亞科與南科的漲幅如此驚人，但多數的投資人往往止於欣賞，不敢買進。有時候我會開玩笑說，能夠賺到這種錢的只有兩種人：一種是天生八字好；另一種則是心臟比正常人大許多者。轉機後的華亞科、南科都維持著不錯的體質，最終在2016年12月華亞科以30元價格被美光公司併購下

【圖表3-2】南科（2408）週線圖

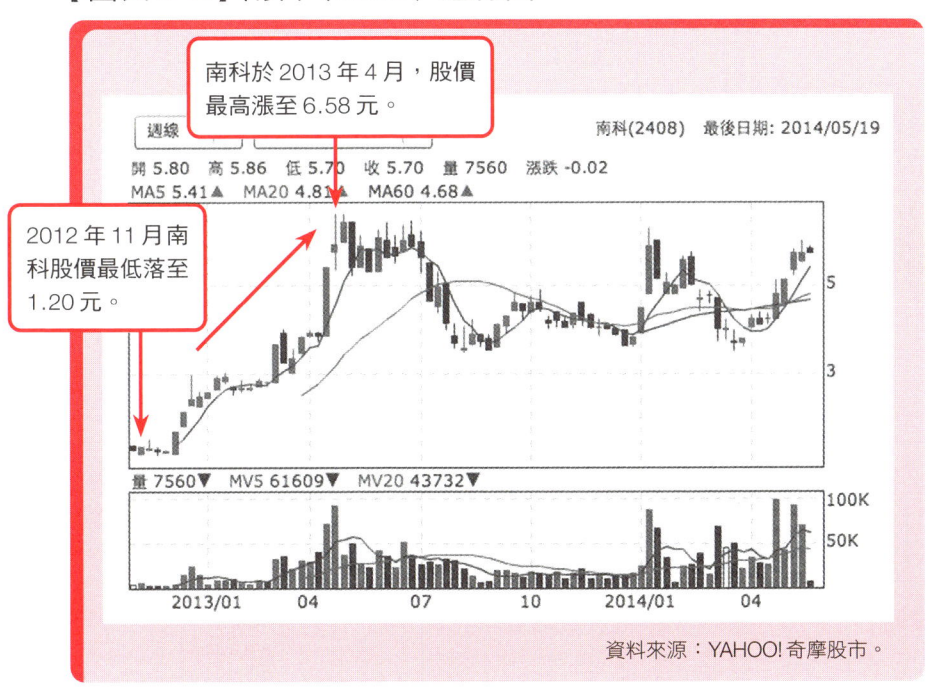

> 南科於2013年4月，股價最高漲至6.58元。

> 2012年11月南科股價最低落至1.20元。

資料來源：YAHOO!奇摩股市。

111

市，而南亞科也成為美光的100%子公司。

能夠創造超額報酬，讓報酬率與認真做功課成正比的類型，非「成長股」莫屬了，甚至可以進一步認定：「成長是股價上漲的唯一保證。」無論在理論或是實務上，都可以驗證得到相同的答案。

在投資領域裡，因為能夠在早期就投資具備成長潛力，或者發掘未來趨勢性產業，而獲致成功的例子比比皆是，也遠超過專研轉機股的投資者。這些人通常鎖定標的之後，經過幾年時間的持有，同時努力追蹤研究，最後坐收財富倍增的果實，躋身富人行列。

早期住在臺北市仁愛路「帝寶」豪宅的住戶，以及後來的「勤美璞真」與「信義聯勤」，**當中除了企業大亨，也不乏年輕的股票達人**。他們之所以能夠迅速累積財富，在投資界竄起，每個人背後總會有2支至3支成長股的代表作。**他們靠著早期布局兩、三檔成長股，搭上2至3年的多頭行情，報酬率翻倍，迅速累積財富。**

近3年每年盈餘有30%以上，才叫成長

什麼才是成長股？舉例來說，1997年的半導體產業，無論是上游晶圓或下游封測，整個波段行情至少有3倍至5倍的表現。2005年表現最亮眼的太陽能族群，整個產業從上游的長晶（晶圓製程之一），到下游的模組、電池等相關公司，像茂迪（6244）、合晶（6182）、中美晶（5483）、台勝科（3532）等，股價漲幅都高達5倍至10倍。2006年之後的蘋果相關供應鏈，例如鴻準（2354）、可成（2474）、瑞儀（6176）、大立光（3008）、台郡（6269）等，這些也都是標準的成長股類型。

第三章：輸家追求勝率，贏家累積報酬率

國內從 2020 年進入一個新的經濟擴張期，2022 年則是出現修正的時期，直到 2023 年觸及相對低點。因此，若企業在 2023 年與 2024 年的獲利表現仍能優於 2022 年，則可視為具備成長股特質的標的。

例如，受惠於 AI 趨勢的散熱族群如奇鋐（3017），CCL（銅箔基板）領域的台光電（2383），IP 設計服務的世芯–KY（3661），以及化工產業的材料–KY（4763），皆展現出強勁成長動能。

此外，生技族群如保瑞（6472）、美時（1795）與藥華藥（6446）等，因其營運表現相對不受景氣循環影響，也同樣具備長線成長股的條件（見第 116 頁至第 117 頁圖表）。

【圖表 3-3】奇鋐（3017）月線圖

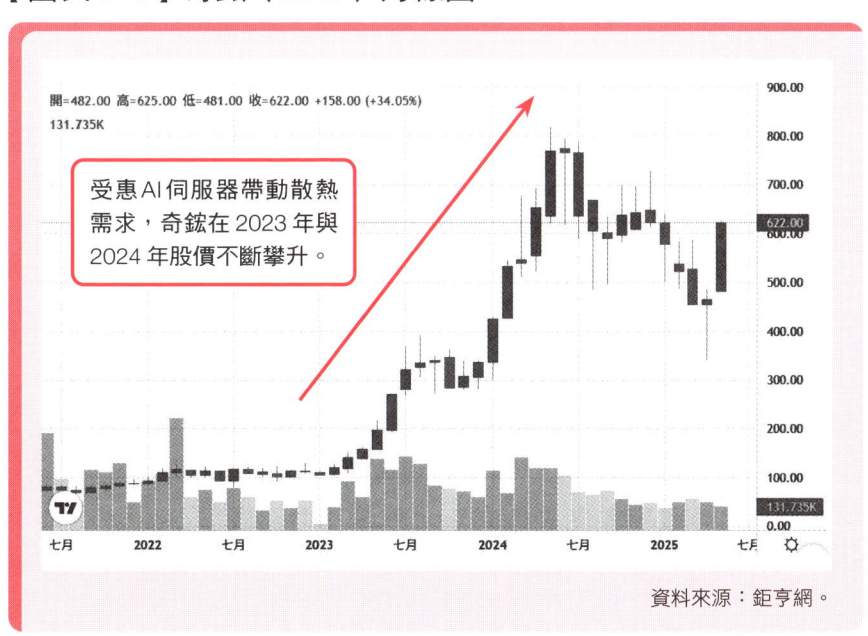

受惠 AI 伺服器帶動散熱需求，奇鋐在 2023 年與 2024 年股價不斷攀升。

資料來源：鉅亨網。

冠軍操盤人黃嘉斌獲利的口訣

【圖表 3-4】台光電（2383）月線圖

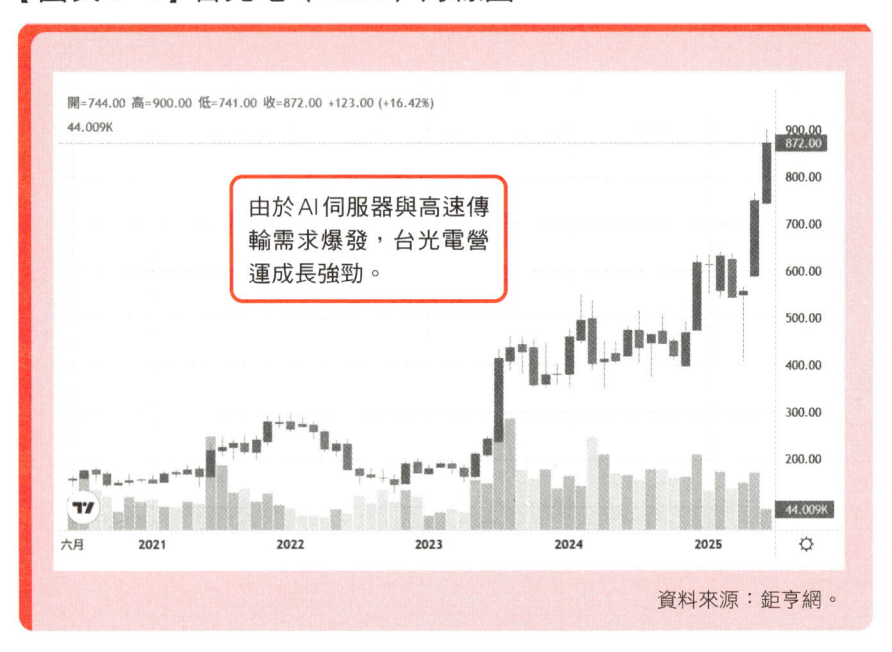

由於 AI 伺服器與高速傳輸需求爆發，台光電營運成長強勁。

資料來源：鉅亨網。

【圖表 3-5】世芯-KY（3661）月線圖

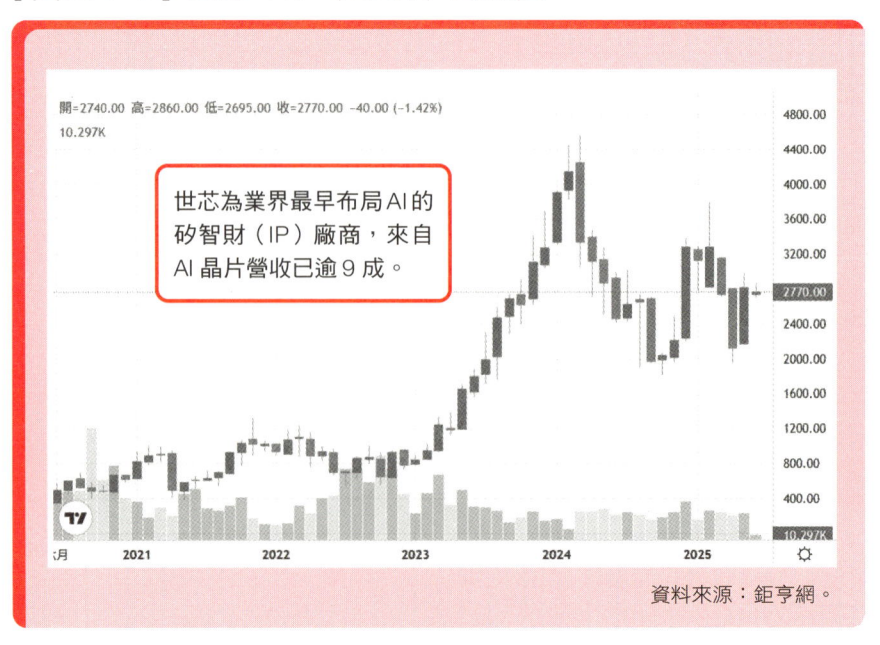

世芯為業界最早布局 AI 的矽智財（IP）廠商，來自 AI 晶片營收已逾 9 成。

資料來源：鉅亨網。

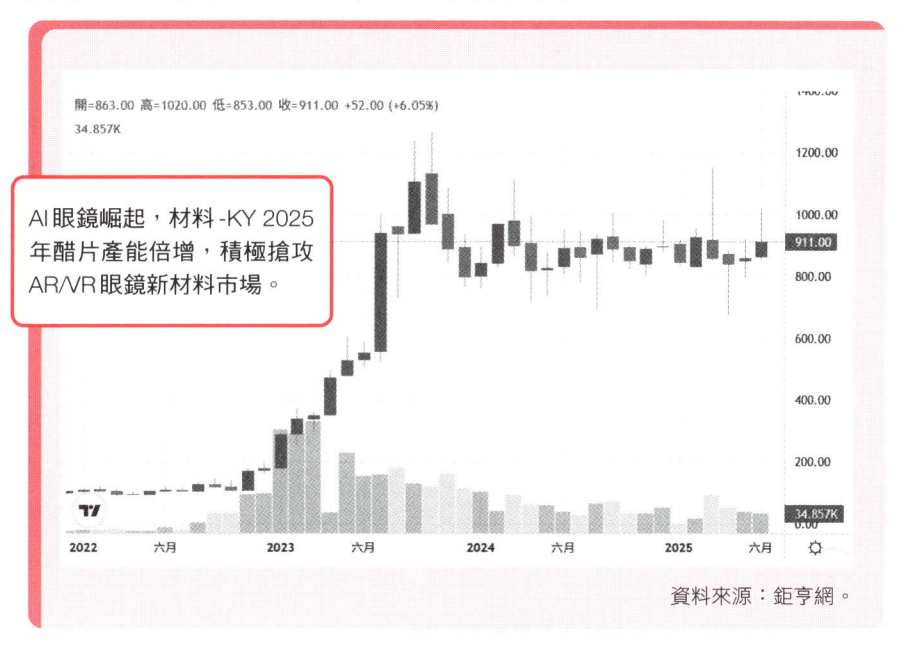

第三章：輸家追求勝率，贏家累積報酬率

【圖表 3-6】材料-KY（4763）月線圖

> AI眼鏡崛起，材料-KY 2025年鏡片產能倍增，積極搶攻AR/VR眼鏡新材料市場。

資料來源：鉅亨網。

　　成長股的發掘其實很不容易，根據《從核心擴張》（暫譯自 Profit from the Core）這本書裡提到的研究指出：「只有13％的公司能在10年期中維持成長。」由此可見成長股的珍貴。但不容置疑的是，每一個世代都存在引領風騷的成長型產業與企業。

　　在尋找成長股之前，一定得先釐清什麼是成長股。投資人經常誤解成長股的定義，以為股價上漲就是成長股，或誤將只有一次性成長的股票納入。正確來說，成長應該定義為：一家公司要如何「持續」維持在怎樣的「成長水準」。當然，成長率越高越好，可以持續成長的期間也是越久越好，但我們還是得從合理的角度評估，找到一個範圍區間來定義標準。

冠軍操盤人黃嘉斌獲利的口訣

【圖表3-7】保瑞（6472）月線圖

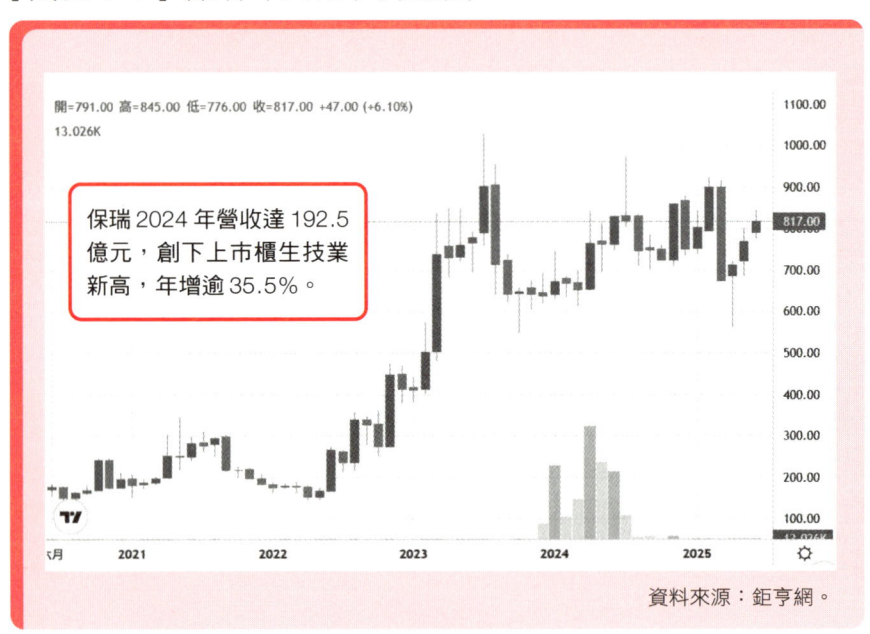

> 保瑞2024年營收達192.5億元，創下上市櫃生技業新高，年增逾35.5%。

資料來源：鉅亨網。

【圖表3-8】美時（1795）月線圖

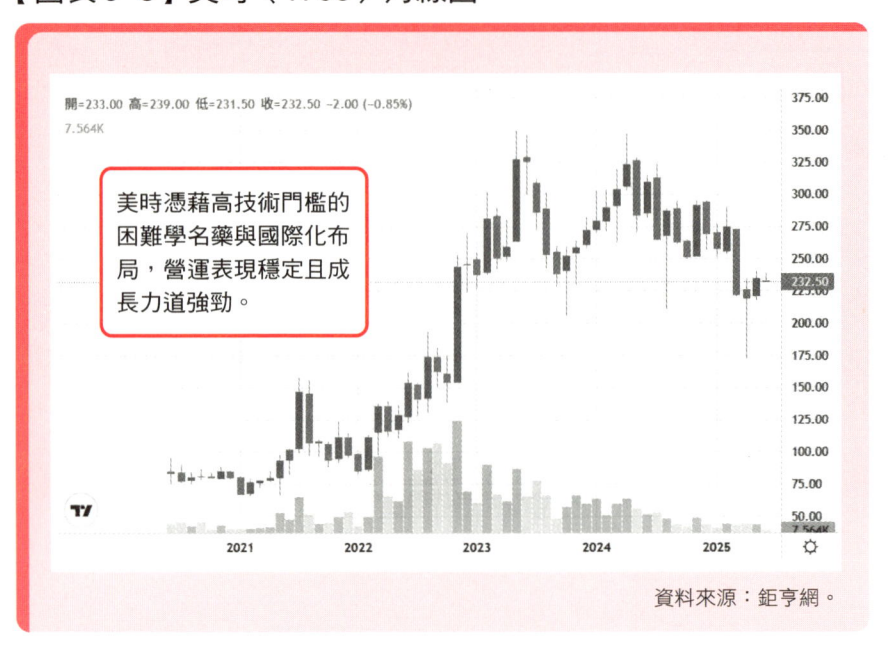

> 美時憑藉高技術門檻的困難學名藥與國際化布局，營運表現穩定且成長力道強勁。

資料來源：鉅亨網。

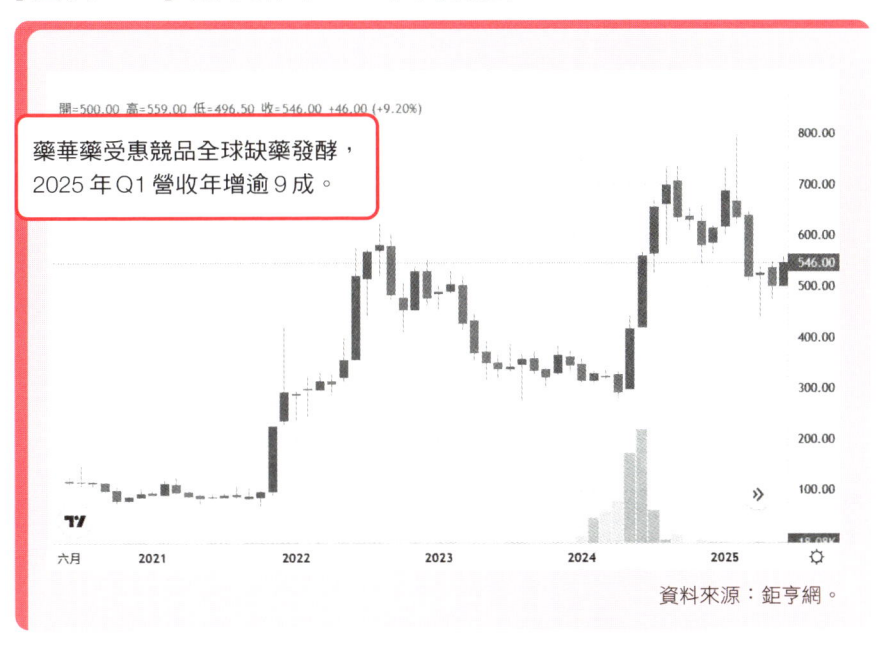

【圖表3-9】藥華藥（6446）月線圖

> 藥華藥受惠競品全球缺藥發酵，2025年Q1營收年增逾9成。

資料來源：鉅亨網。

華爾街知名操盤手威廉・歐尼爾（William J. O'Neil）提出成長的條件為：最近3年盈餘成長最好有10%以上，每季盈餘至少成長20%。不過，針對國內的企業規模及產業特性，我認為應該修正為**「至少持續3年」，而且每年的成長幅度也要在「30%以上」的水準**，也就是3年的複合成長率為30%。

假若公司盈餘每年成長30%，經過3年時間，盈餘成長幅度便會超過1倍以上，加上企業的連續性成長，也會帶動成長股的合理本益比評估往上調。

一般來說，初期為8倍至10倍，再上調至15倍至20倍水準。換言之，股價在3年間有上漲1.5倍至3倍的實力。

冠軍操盤人黃嘉斌獲利的口訣

景氣循環股，我只選擇龍頭

　　了解成長股的基本定義後，再進一步針對成長股的成長動力來源探討，才能判斷我們應該持有該標的多久時間。比方說，從1990年至2000年這期間持有鴻海（2317）股票，報酬率最高，但若是持有至今（2025年5月27日收盤價為152元），報酬率反而會出現遞減現象。

　　再舉另一個同為績優生的華碩（2357），從1996年掛牌後，持有3年的報酬率高達13.2倍；但若繼續持有至今，雖然表面上股價仍站在五、六百元（2025年5月27日收盤價為608元）的高價區，但那是因為華碩在2010年進行分割重整，大幅度減資，若回

【圖表3-10】鴻海（2317）月線圖

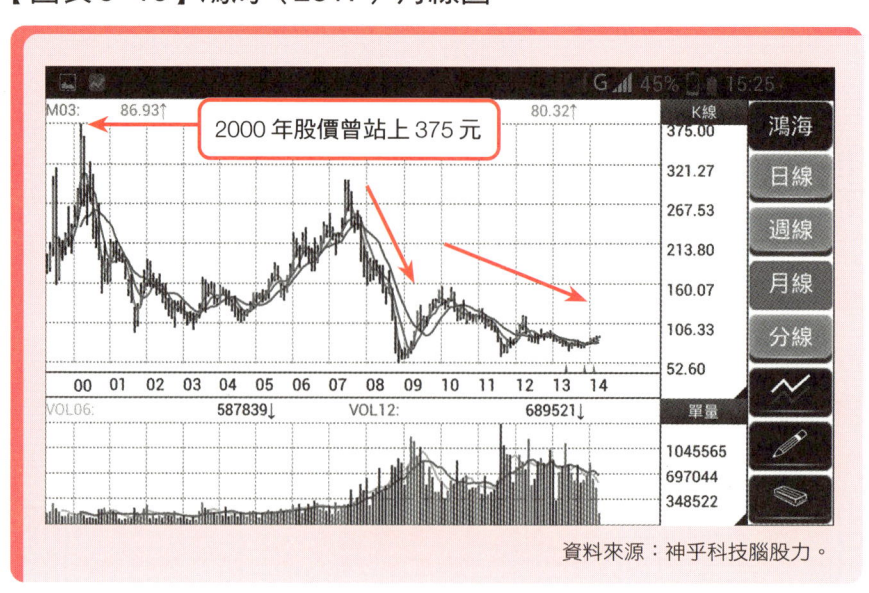

2000年股價曾站上375元

資料來源：神乎科技腦股力。

溯至減資以前的股價，甚至是跌落至49元的低價。

即使1997年創下890元的歷史高價，期間歷經多次除權息，至今若計入所有調整因素後的實質報酬率，恐怕已遠不及表面股價所呈現的榮景。

成長股由成長力量來源分類，可以簡單區分為兩大類：

1. 特殊競爭力：企業自發性創造出來的成長，即掠奪性成長

公司成長力量的來源，在於企業本身具備的特殊競爭力，比如擁有優於同業的成本結構，可能是採購、製造、業務等，或是創新研發能力。就像擁有多項專利的3M公司，所有產品都是圍繞在核心技術——「膠水與接著劑」的開發，便是一例。

自發性成長通常來自於兩股力量的推升，一是掠奪性成長，即搶占同業的市場，提高市場占有率；另一個則是所屬產業本身的成長。這類型公司只要優勢維持不變，投資人就可長期持有。

除了前文提到的1990年至2000年這段期間的鴻海，還有始終專研塑膠射出鏡片的大立光（3008）更是好例子。大立光股價在2024年8月30日曾經創下3,230元的歷史價位，近5年來平均每股稅後盈餘高達164元的驚人水準，計算從2010年至2024年期間（不計入配發的股息下）股價更是上漲了六倍多。

2. 循環性成長：由所處產業環境創造出來的循環性成長

這類公司大多屬於景氣循環產業，包括半導體、太陽能及TFT LCD產業等，產業本身每年的成長動能很強，公司獲利卻受到循環高低的影響很大。例如友達（2409）年營收的成長幅度都在3成以

冠軍操盤人黃嘉斌獲利的口訣

> **投資學堂**
>
> ### 企業分割、減資對股東的影響
>
> ● **分割**：企業管理階層為追求企業利益，所進行組織重整的一種手段。依據《企業併購法》的定義，分割是指被分割公司將其得獨立營運之一部分或全部之營業，讓與既存或新設之其他公司，作為既存公司或新設公司發行新股予該公司或該公司股東對價的行為。分割公司發行股份給予被分割公司或被分割公司之股東，並概括承受被分割公司的權利義務。
>
> ● **減資**：是指減少公司資本額，使流通在外的股數減少。但是減資後，股票總價值要跟減資前維持一樣，否則股票交易就會發生問題。

上，獲利波動卻相當激烈。

雖然半導體龍頭台積電（2330）也有相同的情形，不過近年來，台積電已經和競爭者拉大差距，逐漸擺脫景氣不佳時，負面影響會反映在它的股價上，波動度也逐漸趨緩。

投資這類公司的原則在於「選擇龍頭」，還有賺取循環的力量所推動創造出的盈餘。請切記，**當循環走入末端，就是獲利達到高峰，這時候應該出脫持股**。基於這樣的特性，我們通常會用股價淨值比當作投資價值衡量的標準。

投資成長股往往能有豐厚的報酬，只是要學的功夫很多，初學者可以從日常生活的觀察中著手，並留意其中的陷阱。

比方說，公司產製的商品是長期趨勢，還是一時流行？是止於

投資學堂

什麼是股價淨值比？

簡單來說，股價淨值比就是股票價格除以每股淨值，公式如下：

股價淨值比（PBR）＝股票價格 ÷ 每股淨值

至於淨值，就是一家公司扣掉所有的負債後剩下的價值，再將這個價值平均分配到每一股股權的金額叫做「每股淨值」。

比如我們清算一家公司，把所有的資產賣掉後可以換成的現金總額叫做淨值，再除以股數就是每股淨值。改以會計上的用語，就是股東權益除以股數。

之所以要用股價淨值比這個指標的意義，是要表現出股票市值和公司淨值的差異倍數，也就是用來衡量公司現階段的股價是否被低估或高估的依據。

概念，或是具體可行的創新？最後要思考的則是，趨勢與創新等實現的時間快或慢等。

就拿以節能為訴求的LED照明來說，這是必然的發展趨勢，只是實現的時程受到各地政策、規格與成本的限制，實現的時點至少延宕了5年以上的時間，相關公司未見需求跟上來，早已飽受供過於求之苦。

冠軍操盤人黃嘉斌獲利的口訣

此外，產業趨勢是否具備成長股的條件，還可以用本書第一章第四節提到的「Must」（必須）、「Need」（需要）、「Nice to have」（有的話也不錯）這三個層次的強度，來加以思考。這是意味著，公司發明所創造出來的需求，是「非要不可」，還是能夠激發消費者「想要的欲望」，還是僅止於「有也不錯」的感覺。總之，公司創新的層次落在哪種程度，未來成長的動力就會延續到哪裡。

【黃嘉斌的獲利重點】

1. 至少持續3年有10%以上的盈餘，每年成長幅度得超過230%才叫成長股。
2. 公司自發性成長來自兩股力量：一是搶占市場，二是所屬產業的成長。
3. 景氣循環股要選龍頭，當循環走入末端，就是獲利高峰，應該出清持股。

第三章：輸家追求勝率，贏家累積報酬率

第二節
三勝七敗，這才叫投資

　　每晚打開電視，把遙控器按來按去時，經常可以瞥見在商業頻道上，有些投顧老師正口沫橫飛的吹捧著：「恭喜！我帶領買進的○○股票再度漲停！」、「哪幾檔股票會漲停鎖死，我都告訴你了，你有沒有聽老師的話？」若這些都是真的，我真的很佩服這些老師，因為他們選股的精準度勝率之高，令人難以置信。

　　從我所受的基礎訓練，加上這二十餘年來的經驗累積，我發現在投資領域裡賺最多錢的贏家，似乎都和勝率無關。儘管有人認為「積小勝而為大勝」，才是累積財富的不二法門，甚至投資界目前還發展出另類主流——高頻交易，就是利用電腦設定一些指標，當出現一定訊號時，再根據訊號由電腦自動進行買賣交易，這樣做通常交易勝率很高，但每筆交易的報酬率卻很低，只不過一個交易日下來，周轉率可能高達一、二十倍。

　　這在期貨交易非常普遍，目前也已經導入現貨市場，只是別忘了，用這種方式進行期貨交易，本質上就是一種投機，這是零和遊戲下公認的事實。至於現貨市場導入高頻交易，一般來說，熱衷者往往是由證券商主導，因為投資過程創造出高周轉率，最大受惠者就是以賺取手續費為主的證券商，當然還有最大的莊家——政府。

　　許多投資人經常誤以為勝率等於報酬率，這個觀念就好像投機與投資只在一線之隔。**真正的投資就像是打仗一般，不在於中間你**

123

冠軍操盤人黃嘉斌獲利的口訣

贏了多少戰役，而在於最後關鍵性的一場能否拔得頭籌，所以在我的認知裡，三勝七敗才叫投資。

少量試單是犧牲打，也可能挖到寶

影響股價的因素很多，如果著眼在投資的本質，就應該以基本面的研究為基礎，然而有許多基本面的因素，往往讓人無法全盤掌握，縱使對於每一筆投資都經過審慎考慮，仍然不能排除有不小的失敗機率，因此就算是創投業者，他們的獲利方程式也是另一種「三勝七敗」。在他們投資的10個案子中，只要成功1個便能達到損益兩平，2個案例成功便能獲利，若是有3個案子成功，那就是大賺了。

至於在集中市場投資，所謂三勝七敗的獲利關鍵，主要可以從兩方面來探討：首先，若是一味的追求勝率，必然會犧牲報酬率，不僅如此，每次買進的資金也不敢投入太多。這樣一來，往往容易錯失飆股，或者雖已買到了飆股，但因金額投資不多，所以最終獲利十分有限。

其次，投資如同打仗一般，前方經常存在著不確定因素，所以用少量資金去試單，就像適時派出斥候去探聽敵情一樣，這是必要的做法。若是情勢不對勁，就當成犧牲打，損失有限，無關大局。若是安全無虞，甚至挖到寶，就要大軍開拔去直搗黃龍，勇於將部位提高至高水準。

80／20法則中，如何找到關鍵的20%？

　　一般而言，投資人很常出現這種狀況，就是留意到某支股票，卻礙於相關資訊蒐集得不夠充分，因而遲遲未能出手買進。但是股價不等人，一個不留神，股票就漲了上去，投資人也錯失最佳切入的機會。

　　如果當下先少量買進，如同派出斥候試單，這樣就會注意到這家公司的股價與訊息。當我們在查證該公司狀況的同時，有可能因為這樣的動作，等同變相傳遞該公司偏多的訊息出去，儘管只是查證中或只是一種想法、臆測，一旦有人認同，便會吸引買盤進入。

　　此外，股價推升的背後必然有其原因，我們必須認同每家公司的背後都存在著「內部人」（公司內部人士），這些「先知先覺」者有充分的資訊作為買進決策，所以股價才會說話。

　　必須提醒的是，試單的失敗機率不低，買進時資訊不充分是主因，雖然如此，但那是必要的成本，試單結果一旦釣到「大魚」，再迅速增加投資部位。

　　一般來說，當投資人手中沒有持股，要買進第一支個股時，都是最搖擺不定、最猶豫的；因為股價波動向上，就想等它跌下來再買，但是等到下跌時卻又遲疑了，希望能夠買到更低一點的價位。不過，若是用少量試單買進第一筆持股後，就有了所謂高或低的參考價位，尤其是股價忽然衝高之際，因為持有一筆低成本的部位，所以比較敢勇於追價。

　　經常有人說：「80%的獲利通常來自於持股中20%的部分，所以應該將資金配置在這個部分，這樣做績效會更好。」這是投資中

冠軍操盤人黃嘉斌獲利的口訣

80／20法則的基本精神，我也很同意這句話。如果可以事先知道那個關鍵的20%，我一定會挹注所有資金、重押下去，問題是，該如何找到那個關鍵的20%？

三勝七敗除了要破除勝率等同報酬率的迷思外，更重要的是，**利用試單的過程找出獲利的標的**，然後將資金迅速移往標的股，這和80／20法則的觀念並無二致，差別只在於提供了實務上可以採行的做法罷了！

上市櫃試單金額要小，找到關鍵標的後加碼

三勝七敗才叫投資，在一般上市櫃的市場與創投領域的未上市市場（包括興櫃）中，都能提供獲利的方程式，不過兩者之間還是有所區別。集中市場的交易，因為金額流動性高，所以買進賣出少有限制。但是未上市的投資，交易困難許多，甚至有價無市，或者每一筆投資金額都有限制，所以交易面相當不同，衍生的投資策略內涵也有所差異。

以**上市櫃市場**來說，**試單金額一定要小**。舉個例子，如果有資金1,000萬元，**每次試單控制在1%的比重**（即10萬元），**以虧損10%為上限設定停損**，也就是說，每筆交易最多只能虧損1萬元，若是10次試單中全部虧損，也是虧損10萬元。若是因此成功找到獲利標的，就應該將持股增加到總部位的2成水準，即200萬元，一般這種部位的報酬率至少在1成以上（通常有2成至3成），也就是說，可以獲利20萬元以上，扣除10萬元的虧損和交易成本等，絕對可以達到損益兩平之上，若是精準些找到2或3檔獲利標

第三章：輸家追求勝率，贏家累積報酬率

【圖表3-11】上市櫃市場的試單操作與獲利預測

資金：1,000萬元
每次試單比重：1%，即1,000萬元×1%＝10萬元

若是找到關鍵標的，將持股增加到總部位的2成水準。

⬇

持股資金：1,000萬元×20%＝200萬元
報酬率1成（通常有2成至3成），即為200萬元×10%＝20萬元

（扣除試單虧損及手續成本）

⬇

絕對達到損益兩平之上，有時還能**大賺**。

的，就是賺與大賺之別了。

　　至於**創投領域的未上市市場的成功方程式，較適於定額分散**，將每一筆投資設定在固定金額為原則，雖然每個投資案都是精挑細選，只是這種先期投資的屬性，有許多難以評估的風險，不確定性高，但是投資價格通常較低，儘管失敗率及投入時間既高且長，可是只要一個案子成功，通常可以帶來3倍至5倍的報酬率，所以1案成功大致會是小賠，2案成功會是小賺，3案成功就是大賺。

　　至於到底要選三勝七敗還是三敗七勝，就看你對自身的定位是投資家，還是投機客了。

冠軍操盤人黃嘉斌獲利的口訣

【黃嘉斌的獲利重點】

1. 高頻交易的勝率很高,但每筆交易的報酬率卻很低。
2. 投資是:不管贏了幾場戰役,關鍵在於最後一場能否拔得頭籌。
3. 用少量資金去試單,找到獲利標的後加碼,即使三勝七敗,贏大輸小也能賺大錢。

第三節
複製成功，
比記取教訓有用

曾經在一本書中看見這一段話：「不要在失敗的時候檢討自己，要在成功的時候。」剛看到時有點不解，進一步思考後不僅豁然開朗，還想起數年前曾和學校的教授討論個案研究的方向時，與談的教授提及，也許可以在投資領域研究失敗案例的成因，當下我便提出，覺得這個想法不切實際且意義不大的看法。

我的理由是：「投資的目的在獲利，但每次失敗的原因可能都不相同，就算找出所有失敗的原因，也不代表就會成功。**成功的投資，不是用刪去法剔除失敗的原因，就能達成。**」

在股票投資領域中經常出現一種狀況，即兩個人在相同時點開始買進相同的股票，經過 3 個月後結算損益，其中一人可能大賺，另一個人卻可能賠錢。雖然聽起來匪夷所思，卻是實務上經常發生的事。

說穿了其實很簡單，假設一檔股票 3 個月上漲 5 成，但是股價走勢有很多種型態，比如漲幅集中在前期，或是集中在最後階段，也可能每天來回震盪走高，或是先下跌再衝高等，至少有一、二十種上漲的型態。最重要的是，必須想清楚自己的投資性格，以及什麼樣的走勢型態，才是你買對股且抱得住的，這樣思考後，答案就會一清二楚了。

冠軍操盤人黃嘉斌獲利的口訣

股票投資最有意思的地方就是，儘管你挑對了飆股也不見得會賺；反之，挑錯股票也不見得會賠。所以投資沒有最好的方法，只有最適合自己的。會漲的股票很多，原因各有不同，能夠賺到手的更十分有限，因此投資必須符合自己的操作屬性。

看對了CEO，你沒有買錯，只是買貴了

我有一位從事創投的朋友，人在創投，卻很喜歡投資上市標的。十幾年下來，他的投資績效還不錯，只是在他累積的財富中，絕大部分都是從投資未上市公司裡頭賺來的，集中市場的部位反而虧錢。也就是說，若他少買一點上市公司的股票，專心於創投的本分，那麼投資績效應該會更好。

這位好友有過幾次在集中市場跌跤的經驗，我們兩人曾認真的分析原因，發現最大的關鍵，就在於他把上市櫃與未上市公司的評價模式錯置了。

創投在投資一個案子時主要評估兩點，第一是公司CEO的背景，因為一家企業初期發展成功與否，和創業者的關聯性非常密切，包括他的性格、經歷、專長等，更重要的是有沒有創業成功的經驗。

第二是絕對價格，一般來說，對未上市公司的買進價格都會斤斤計較，通常在30元以下居多（但這並非絕對，要看公司處於哪個發展階段），雖然風險高，但是投入的價格不貴，只要公司有賺錢或轉虧為盈，投資人便能夠回本。

轉換到評估買入上市公司股票的時候，我的朋友也是特別重視

第三章：輸家追求勝率，贏家累積報酬率

CEO這個要素，但是卻忽略了「成本優勢」這件事。基本上，一家公司能夠上市櫃就表示已經上軌道，所以觀察這家公司的價值，應該從最原始創立階段的CEO身上，逐漸轉移到制度、管理、資金等企業營運的流程上。假若這時候僅專注在CEO而忽略了其他要素，決策過程就會出現偏頗。

尤其未上市公司的流通性較差，股價大多未含流動性價值，所以價值的認定因素反而比較單純。不像上市櫃公司有籌碼面、消息面、基本面、技術面等多種變數，往往在買進的價格裡，已經隱含了這些成分，而這些成分可能占據影響股價的一半以上。

簡單來說，假設一檔股票的價格是100元，其中30元可能是因為這位CEO、20元是因為籌碼優越性（這可以解釋相同獲利下，股價卻不相同的原因之一）、30元來自實質獲利，最後的20元則是消息面與技術面的加值（見下頁圖表3-12）。

但是未上市公司的評價就單純多了，可能有近8成的價值來自CEO本身。

所以當評價模式錯置，結果可能就很慘。在集中市場交易的公司，投資人只要誤判（或高估）股價中非CEO的因素，光是這個部分的股價波動，便足以讓人賠大錢了。

我那位好友在集中市場賠錢的原因，綜合起來就是一句話：「買貴了！缺乏成本優勢。」但是他並沒有買錯，因為買進的標的確實都是好公司。反觀他在創投本分就操作得很好，用他的評估模式賺取不少錢，也不斷在複製這個成功的經驗。

冠軍操盤人黃嘉斌獲利的口訣

【圖表3-12】上市櫃股票價格的組成

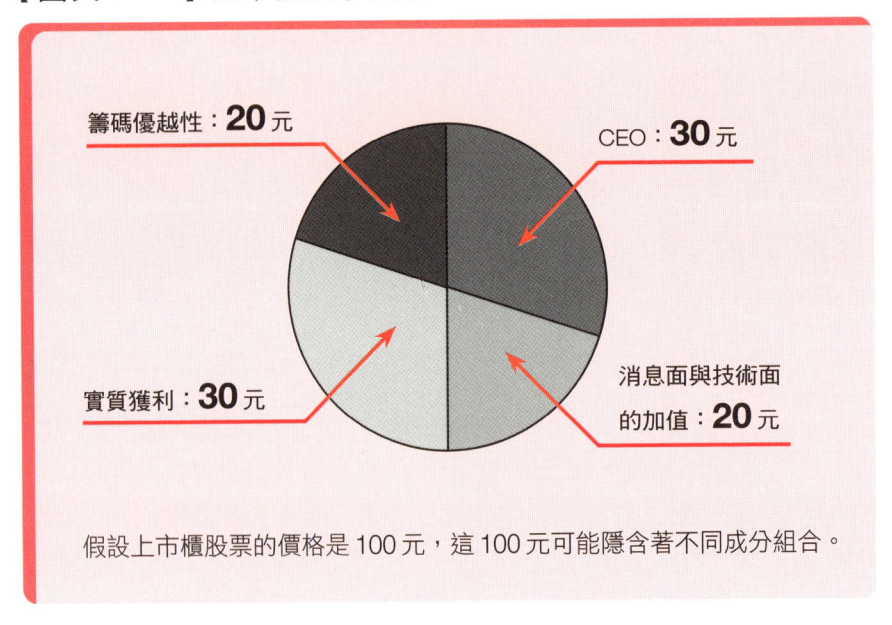

- 籌碼優越性：**20**元
- CEO：**30**元
- 實質獲利：**30**元
- 消息面與技術面的加值：**20**元

假設上市櫃股票的價格是100元，這100元可能隱含著不同成分組合。

複製成功經驗，但別誤判成功因素

將每一次投資成功的經驗彙總起來仔細分析，特別是其中的共同處一定要牢牢記住，然後複製並提升它的效益，就會成為個人獨有的獲利方程式。我也曾經捨棄原有經驗，嘗試用不同的模式，希望能進一步創造績效。結果，該賺的賺不到，該賠的檔檔都命中，真是空前大失敗。

每個人都有適合自己操作的行情特性，不要輕易放棄自己的專長，然後跟隨流行、四處追逐。當適合自己的行情來臨時，絕對不要錯過，不適合自己投資習性的時期也要懂得放手，就算參與也得淺嘗則止。

第三章：輸家追求勝率，贏家累積報酬率

萃取自己成功的原因加以複製，會是提升投資績效最好、最有效率的方法，但要特別注意的是，**在萃取成功原因的過程，很容易讓人誤入陷阱──誤判成功因素，即沒能把賺錢的真正原因找出來**。股市中經常出現這樣的事，因為錯誤的原因而上漲，如果幸運的能在高點賣出，會是一場美麗的錯誤，只不過既然稱為錯誤，時間一久，股價還是會回到原點，甚至跌破起漲點。

著名的管理學家大前研一曾說過：「一次性的成功，誰都做得到。」但最困難的是，如何複製成功的經驗。同樣的，每個人在股市投資過程中，也都有機會出現至少一次的成功獲利，只是要弄清楚的是，那次的成功經驗是來自「必然」的結果？還是幸運的「偶然」發生？

記取再多的失敗教訓，對你的投資幫助相當有限，因為失敗每次都會以不同的面貌出現，千萬別讓自己習慣失敗。多費心思在成功經驗的複製，從過程中找到適合自己的操作方法，專心複製這個方法並用於選股及管理上，打造專屬於自己的成功投資方程式，等到你將此視為理所當然後，就能成為贏家。

【黃嘉斌的獲利重點】

1. 投資沒有最好的方法，只有最適合自己的方法。
2. 別把上市櫃與未上市公司的評價模式錯置。
3. 搞清楚成功經驗是來自「必然」的結果？還是幸運的「偶然」發生？

冠軍操盤人黃嘉斌獲利的口訣

第四節
雞蛋該放在幾個籃子裡才安全？

巴菲特曾說：「不要把所有的雞蛋放在同一個籃子裡。」

而美國作家馬克‧吐溫（Mark Twain）則建議我們：「要把所有雞蛋放在同一個籃子裡。」

兩者的說法大相逕庭，到底孰是孰非？若是以「投資成就」的領域作為判斷標準，我想多數人會投巴菲特一票吧！

我有位朋友是交易員，他有一位大客戶，從股票投資中賺了很多錢。這位大客戶的標準做法就是同時買進許多檔股票，分散投資風險，買入後若下跌就持有，股票上漲才會出脫，也一直維持高持股比例，股票總市值大約在一、二十億元。這位客戶採取的投資方式，是相當標準的分散風險模式。

坦伯頓集團創辦人約翰‧坦伯頓爵士（Sir John Templeton），是共同基金的先驅人物，他以「便宜獵人」（挑選基本面良好、股價卻被低估者）的方式配置投資組合時，也是同時買進多檔股票，以達到分散風險的目的，而且整體的報酬率相當傑出。

分散或集中？關鍵在於能否全心照顧

從上面的例子看來，投資大師、有錢大戶服膺的投資原則，似

第三章：輸家追求勝率，贏家累積報酬率

乎都是以分散風險為主，甚至一些專業投資機構也用分散原則，再以精密的數學運算，設計出各種穩健獲利的模組。

但是有一批人卻反其道而行，喜歡將所有資金集中在特定標的上，每次出手總是毫不保留的押重注，有的人還利用可轉換公司債擴大槓桿倍數（約10倍左右），幾年下來，報酬率驚人，起始投入的數百萬資金，如今資產累積上億元，早已退休、過著閒雲野鶴的生活了。

2013年投資界盛傳一個傳奇故事，有人在年初以不到4元的股價，買進彩晶（6116）共2,000萬元，然後在同年6月，以逾15

投資學堂

可轉換公司債是什麼？

是指公司所發行的有價證券（債券），為直接向投資者籌措長期資金的一種金融工具。

發行公司依發行時所訂定的發行條件，定期支付一定的利息給投資人，並附有可轉換為普通股的權利。持有此種公司債券的投資人，得在當轉換為普通股的報酬率高於公司債可領取的利息時，於特定的期間內，依事先約定的轉換比率或轉換價格，將此公司債轉換為發行公司的普通股股票，以獲取更高的報酬率。但若投資人未行使轉換權，則發行公司於到期時依發行條件償還本金及補償利息。

資料來源：日盛金控網頁。

冠軍操盤人黃嘉斌獲利的口訣

元的價格出清,大賺了近5倍。接著,再以全部資金買進華亞科(3474),價位大概在10元至12元之間,這支股票又讓他大賺一倍。短短一年時間,他創造了10倍的報酬率,2,000萬元的原始投入,一翻成為2億元身價。

以上都是成功的例子,也各有其擁戴者,因為不管是分散或集中,分別聽起來都言之有理。但我要說的重點是:「害怕雞蛋被打破,重點不是分散在不同籃子裡,而是要全心全意的照顧。」雞蛋放在1個、2個、3個或無數個籃子都不是重點,關鍵在於「全心全意」。還有,你必須知道自己到底有多少個雞蛋需要照顧。

【圖表3-13】彩晶(6116)週線圖

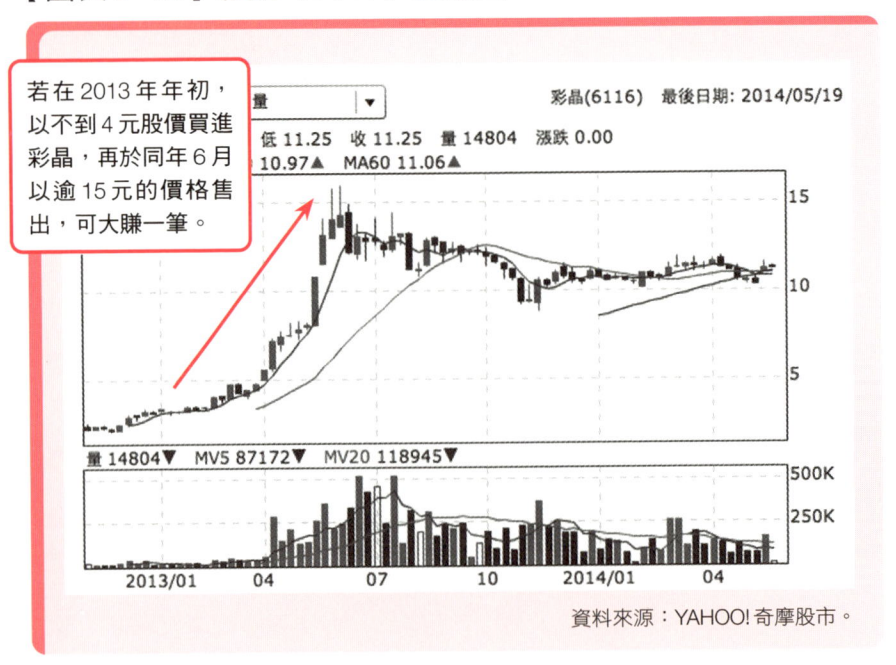

若在2013年年初,以不到4元股價買進彩晶,再於同年6月以逾15元的價格售出,可大賺一筆。

資料來源:YAHOO!奇摩股市。

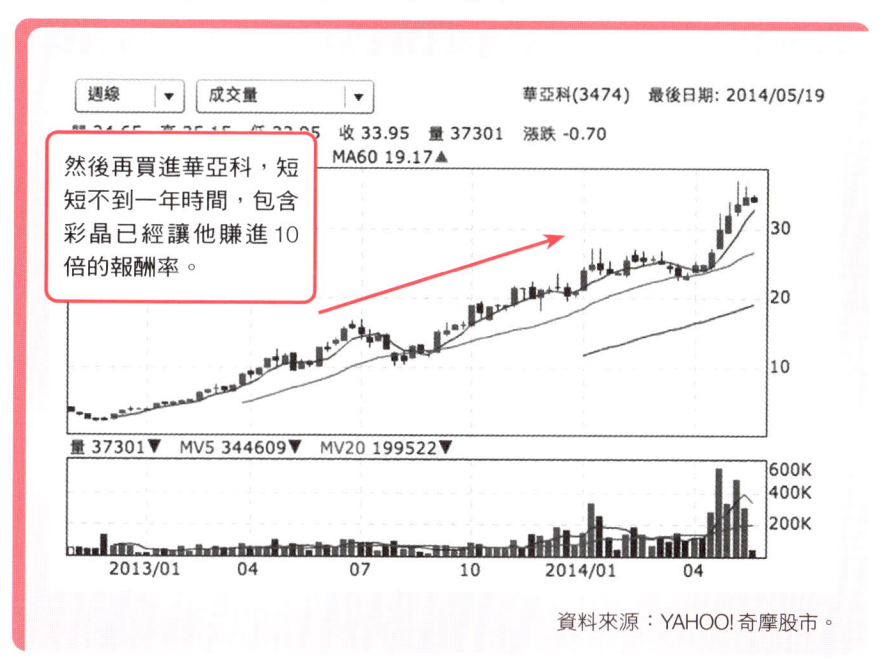

第三章：輸家追求勝率，贏家累積報酬率

【圖表 3-14】華亞科（3474）週線圖

> 然後再買進華亞科，短短不到一年時間，包含彩晶已經讓他賺進 10 倍的報酬率。

資料來源：YAHOO! 奇摩股市。

「短線交易，少做向下攤平」

在選擇投資策略方面，基本上沒有最好的策略，只有最適合你自己的方法。所謂適合自己，可以從以下三要素來考量：

要素一：你的投資性格屬於急躁？還是沉穩？

有些人對於虧損的容忍度很低，卻喜歡交易的刺激感，這類投資人較適合**短線交易，必須好好培養自己的「盤感」，同時投入的資金總額也不宜過大**，高周轉率是其特色，所以得要求券商降低交易成本（手續費折讓高一些），另外少做向下攤平的操作模式。

137

因為短線交易重視的是股價當下的「氣勢」，而非公司的「本質」。所謂一鼓作氣，再而衰，三而竭，時間不利於這類操作模式的人。

事實上，台股有一群短線作手，專挑即將漲停板的個股，然後用大單去鎖漲停板。等到隔天若是股價開高，便將前一天買進的持股出脫，漲幅雖然不大，但是這種方式周轉率很高，只要價差能打平交易成本，光是每個月的手續費折讓費就相當驚人。

這類短線操作者的獲利方程式在於高周轉，專門搶進強勢股。假設每天搶進一檔股票，次日即賣出，每次都淨賺0.5%報酬率，用1個月20個交易日計算，1個月下來報酬率就有1成。

不過，可以參與這種遊戲規則的人不多，因其最大風險在於趨勢的反轉，若不能及時出脫，一次的虧損就可以把辛苦累積下來的盈餘賠光。

尤其這種瞬間的大筆買賣單，經常占當日總成交量的1成至2成以上，一旦市場量能縮減，這些投資人就容易陷入「自己殺自己」的窘境。

四種可動用資金，配置操作各不同

要素二：你的資金管理能力如何？

一般來說，資金規模不同，操作的邏輯與配置也不同。依我個人投資與代操的經驗來區分（每個人都有差異），可以概分為四種：500萬元以下、500萬元至5,000萬元、5,000萬元至3億元，及3億元以上等（見第140頁圖表3-15）。資金500萬元以內，偏

第三章：輸家追求勝率，贏家累積報酬率

向於學習與財富累積階段，以學習投資為第一要務。若是以賺錢為目的，因為資金規模不大，必須集中投資才能迅速累積財富。

當**投資規模達到 500 萬元至 5,000 萬元**時，一般而言，會開始出現配置策略，也就是分散雞蛋（資金）到不同的籃子（標的）裡。通常我會建議這樣的規模，**擁有 3 檔至 5 檔即可，最多不要超過 10 檔**，如果對於特定標的掌握度很高，再加上自身個性沉穩、適合做長期投資，那麼集中投資於單一標的的最終報酬率往往更高。關鍵是，必須吻合上述提及的基本面掌握度與性格屬性這兩個條件。

若是 5,000 萬元至 3 億元的資金規模，勢必會做出分散投資的方式。一般只有創業或經營企業才會集中單一標的，若是採行單一、集中資金的方式，最好能成為該標的或企業的內部人，如此才能及時掌握第一手訊息，甚至必須涉入公司的經營決策。不過，這就偏離資本市場投資的範疇，同時也限制和犧牲了資產的流動性。

至於 3 億元以上的投資，資金配置的多寡是重點。基本上，建議要配合時點，以中長期的持有為主，短期操作為輔。也就是少部分資金用於短期操作，大部分資金以基本面為依歸做長期投資，標的屬性的選擇應該朝中大型股為方向。這時已不僅是分散與集中的二元化問題，標的屬性、大環境（多頭或空頭）等都要一併考慮。

基本面掌握越高，賺越多、風險越小

要素三：你對於個股的基本面了解有多深？

一般投資研判的依據，不外乎是基本面、技術面、籌碼面、消

冠軍操盤人黃嘉斌獲利的口訣

【圖表3-15】以資金規模區分配置與操作模式

資金規模	配置與操作建議
500萬元以下	以學習投資與累積財富為主,因資金規模不大,集中投資才能擴大成效。
500萬元至5,000萬元	以分散投資為主,持有標的以3檔至5檔即可,最多不能超過10檔。
5,000萬元至3億元	以分散投資為主,若是要集中投資單一標的,建議成為該企業的內部人或大股東,才能掌握第一手資訊。
3億元以上	資金配置的多寡是重點,少部分資金用於短期操作,大部分資金則用於長期投資在基本面良好的個股上。

息面等,短線重視消息與籌碼,長線以基本面為依歸。但是時間拉長,基本面卻又充滿變數,因此技術面的變化,可以輔助投資人注意個股是否出現異樣訊號。

或者也可以先透過技術面,從眾多標的中篩選出值得留意的公司。但是千萬不要忘記,如果可以掌握基本面,這個判斷依據的重要性凌駕於其他要素之上。

對於投資的公司基本面掌握強度越高,越可以集中資金(雞

蛋）在此標的（籃子）上，然後全心全意去照顧即可。這樣做或許報酬率不是最高，卻往往是賺最多、風險最低的方式。

由此可知，追求報酬率得做好風險控管，分散或集中各有優劣及適合的階段，但最大的關鍵，還是在於如何全心全意照顧。

【黃嘉斌的獲利重點】

1. 投資大師、有錢大戶大多以分散為投資原則。
2. 長線投資中，基本面判斷優於一切。
3. 雞蛋要放在幾個籃子裡不是重點，關鍵是你得全心全意照顧。

第四節
你要溫水煮青蛙？
還是冷水拔雞毛？

不管是「溫水煮青蛙」（交易頻繁，買進個股的檔數多，多為交易型的投資人）還是「冷水拔雞毛」（不喜歡積極進出股市，多為波段或長期的投資人），最終的下場都是死路一條，兩者的差別在哪裡？前者是在不知不覺的過程中受死，後者比較殘忍些，每次都痛一下、痛一下的受傷，但最後還是死了。認真回想過去賠錢的經驗，在股市進入空頭循環時，是不是不脫這兩種感覺？

通常在行情剛開始啟動時，高檔震盪，成交量很大，個股表現輪動快速，有時是百花齊放，許多股票強勢上漲，但是次日卻難延續漲勢。另一方面，每天都有強勢股出現，誘惑投資人不斷增加持股檔數，當天搶進的股票通常當天還能維持強勢，只是雖然股價收在高點，但也是追高買在高點。

投資人看到表面上當日漲幅不小，心裡可能覺得很高興，但是如果有每天作帳習慣的人就會發現，算出來的損益恐怕沒什麼賺頭，甚至扣掉交易成本還是小賠。隔天除非開高向上，否則這個搶進動作只怕會以賠錢收場。

第三章：輸家追求勝率，贏家累積報酬率

「放著等解套，不賣就不賠」，大誤！

這類的搶短操作，追逐強勢股通常事與願違，次日平盤或小高開出然後翻黑的情況居多，因為當日盤面的最佳女主角又換別檔了，市場資金又去追逐另一家公司或族群。這時候，原來的持股小虧，一般人接下來的做法就是放著等解套，再投入新資金去搶進另一檔強勢股。

這樣的故事幾乎不斷重演：反正不看報表（或是剛好也沒製作報表），都覺得心情很好，搶進的個股股價都表現不錯，只是前一天買進的股票開始向下沉淪。投資人心裡又想著：反正未達停損點就放著吧，不賣就不賠。

就這樣，一檔一檔持股增加，累計虧損的金額也在增加。直到有一天，回頭發現已滿手股票，每檔似乎都賠不多，但是加總的金額不小，甚至在不斷增加持股檔數的過程，帳戶的錢若已不太夠時，就將先前買進的個股中虧損較少的股票賣掉，以便再追逐新標的。一段時間後，帳戶的錢越來越少，每天又好像操作得很好，這就是標準的「溫水煮青蛙」。一開始還覺得很舒服，直到發現水溫越來越燙時已經來不及了。

行情作頭的後期，其實很危險，通常會出現成交量萎縮的現象，然後莫名的重挫，但是又不見什麼利空出現。接著，成交量還是沒有擴大，股價卻止穩，或甚至小幅反彈，只是反彈時追價無力，似乎陷入一種膠著狀況或者說是恐怖平衡，只要有人破壞這種關係賣出，股價就會下跌，之後止穩反彈（持有者自力救濟的結果），直到有人出脫至一定比例後，就像清倉似的不計價拋售，此

時很容易出現股市慣用的術語──「空方引動」現象,就是多殺多,崩跌下來。

在這初期的下跌、止穩、反彈的過程中,每次下跌總會痛一下,但又不至於會死,然後繼續觀望到下一次下跌,結果又再痛一下,如此反覆下來終於受不了,就是崩跌的時候,只是到這時恐怕也沒命救了,這就是標準的「冷水拔雞毛」。

不管是溫水煮青蛙還是冷水拔雞毛,都是在股市操作出現轉折時很容易發生的失誤,也是致命的危機。如何避免陷入這類陷阱中?因為這是兩種不同情境,所以以下分開說明。

對虧損容忍度高?更要設停損點

一般來說,**會陷入「冷水拔雞毛」陷阱的人,操作性格屬於比較溫和,不喜歡積極進出交易,投資屬性也傾向波段或是較長期持有**,也因為這樣,對於虧損容忍度較高(比較耐得了被拔毛的痛苦),因而忽略了眼前出現的風險訊號。這類投資人一定要建立風險意識與危機處理模式,例如強制設立停損辦法等。

此外,不可以對股價失去警覺心,要相信一件事:「股價永遠是對的。」**當股價走勢和自己預估方向不同時,一定要再三確認當初買進的原因消失了沒**,也必須相信股價背後一定在說明一些我們忽略的事情。

其實我們經常在股價重挫後不久,就會接獲市場上傳來下跌的原因或分析,請切記,不管原因是真是假,還是必須仔細查證。

當股價走勢是對的,卻又與我們預期的方向不同,就說明我們

的判斷出了問題，也許是誤判買進時點（買貴了），或是對基本面的評估錯誤，這些都有可能，只有再次檢視基本面，才有助於接下來的決策。

熱愛追逐強勢股？詳細報表不能少

容易陷入**「溫水煮青蛙」情境的投資人，一般來說操作習性比較「殺」，就是喜歡交易，經常追逐強勢股，基本上屬於交易型（trader）的投資人。**

這類投資人因為交易頻繁，買進個股的檔數多，持有時間短，大多不喜歡作帳，更別說逐筆計算出持有標的的成本、金額、損益等。作帳不應該只是總戶的概念，只確認當天交割金額正確與否？戶頭裡缺不缺錢？還剩下多少錢可以用？這樣並無法知道當日與每檔持有標的的損益。

對喜歡從事短線交易的投資人來說，這樣很危險，因為沒有即時的報表管理，對於當日的損益只有模糊的感覺，很容易陷入虧損的操作中卻不自知，還以為是獲利，直到發現不對勁時往往已來不及了。我經常聽到有些嫻熟於短線操作的朋友說：「最近的盤真難操作，每天追來追去，賠一點、賠一點的累積下來，居然1個月虧了……。」幸好他們在月底都會試算一下損益，不然等到帳戶裡的錢都賠光了才發現，那就太遲了。

中長線投資者因為交易少、持股集中，就算沒有每天檢視損益，但是成本與獲利隨時都可以由腦中概算出來，這樣至少可以達到一定控管的目的；但是以短線交易為主就不同了，持股內容、張

冠軍操盤人黃嘉斌獲利的口訣

【圖表3-16】「溫水煮青蛙」與「冷水拔雞毛」的區別與投資建議

情境類型	狀況	哪類投資人容易發生	投資建議
溫水煮青蛙	剛開始很舒服，等發覺燙已經來不及了。 一檔股票下跌就放著等解套，抱著不賣就不賠的心態，再去買其他標的，卻忽略了每一檔小賠加總之後卻是大賠。	交易型的投資人。 交易頻繁，買進個股的檔數多，持有時間短，還喜歡追逐強勢股。	要製作詳細的每日報表，包括持有標的的成本、金額、損益等。
冷水拔雞毛	拔一次毛痛一下，虧損容忍度高。 看著股價下跌，心就痛一次，但覺得股價終究會反彈，或是對下跌根本沒有感覺，等到最後股價重跌才發現為時已晚。	波段或長期持有。 操作性格溫和，不愛頻繁進出交易。	建立危機處理模式，並強制設立停損辦法等。

數、成本不斷變動，特別是這類人大多有融資信用交易，若是沒有隨時更新完整的報表，不僅賺賠會搞不清楚，更重要的是自己有多少股票、持股總額裡用了多少槓桿都不知道，又怎麼會知道自己的

操作到底陷入多大的風險中？

有人將股票投資當成零和遊戲或賭博，基本上，我完全不贊同這種說法，但的確有人是用「賭博的方法」在買賣股票。無論你的心態是賭博或投資，清楚知道自己的風險（底限）在哪裡，才能繼續在這個市場（賭場）玩下去，否則被趕出場後，就很難有翻本的機會了！

【黃嘉斌的獲利重點】

1. 行情作頭時，高檔震盪，個股表現輪動快速。
2. 長期投資者，虧損容忍度高，容易忽略眼前的風險訊號。
3. 交易頻繁者，更要每日詳細作帳。

第四章

別人關心停損，
我在乎的是停利

冠軍操盤人黃嘉斌獲利的口訣

第一節
定期清持股，「賣太早」才好

絕大多數的股市參與者，都是以短期交易及中期波段投資為主，只有少數人以長期持有、股息股利配發作為獲利的來源，因此多數人在買進之初，心裡就在想著何時要賣了。畢竟股票沒有賣出，帳上的損益只能說是紙上富貴，不算真正落袋。

我建議投資人（非長期投資者）每隔一段時間，就要將持股出清，也許是3個月、6個月或者1年都無妨，股票出清，心情也跟著「輕」起來，然後可以用客觀的態度，重新檢視自己的資產配置與未來規畫。

以我個人操作為例，習慣以波段行情結束及年度作為清算點，不過，因為我是有每天製作完整報表習慣的人，所以不盡然會出清全部持股。

在我的報表上，隨時可以知道每檔股票的張數、成本、損益，還有當日淨值、損益、報酬率，以及每月報酬率、累計報酬率等項目，因此波段結束或者年度清算時，雖然不見得會出清所有股票，但還是會將資產重新做分配，也許是增加投資股票的總金額，或是從獲利當中抽離一部分資金移作他用等。

第四章：別人關心停損，我在乎的是停利

我學股神，總是「賣太早」

退場這件事，除了有獲利了結、落袋為安的意涵，更積極的意義在於規畫下個階段的投資策略。不過，如何退場？怎樣的退場姿態最優美？這比選股、買股的難度要高上許多。

因為懂得賣股的人可以在選錯股的情形下縮小虧損，甚至還能安然下車，更可以在退場之際付出最低的成本保持戰果。難怪有人說，懂得買股票的是徒弟，懂得賣股票的才是師父。

退場的原則分成兩個方向：一是獲利退場；另一則是虧損出場。在討論有關獲利退場的賣出訊號前，建議投資人要有一種心態：「不要想賣在最高點。」

股神巴菲特在投資界屹立不搖，有人問他操作上有什麼應該改進的地方，他謙稱：「總是賣太早了！」但事實上，賣太早就是股神能創造出傲人績效的重要原因之一。投資要獲利，就是要克服貪婪與恐懼，獲利出脫時就是要先克服想賣最高點的心態。

四個大漲訊號，研判是否該獲利出場

關於獲利出場訊號的研判，大致有以下4種現象要留意：

1. 目標價調高，留意股價開始進入不理性區間

當買進某檔股票、成為核心持股標的時，投資人心裡一定會訂出一個目標價，這個價位一般來說最具參考價值。

如果股價如預期中上漲，甚至在後段有漲勢加速的現象時，多

數人會再調高目標價。

至於調高的理由，往往是股價上漲後已貼近目標價，或是因為股價上漲，所以預估變得樂觀，例如調高獲利或合理本益比的倍數。**在這種情形下調高目標價做法是不嚴謹的**，其中暗示著股價開始進入不理性的區間，這時候建議以逢高出脫為原則。

這種情況很常見，我也經常閱讀一些調高個股評等的外資報告，但仔細比較前次內容，其實每股盈餘僅有微幅的修改，之所以將目標價上調，差別只在於合理本益比大幅調升。

2. 利多公布，要考慮兩種性質

若是屬於一次性利多公布，例如資產處分利益、資產重估的增值、子公司上市櫃掛牌的釋股利益等，這些都是容易看見的**一次性事件，投資人應該站在賣方**。許多時候股價的上漲就在於那個夢，一旦實現就要開始接受多方嚴厲的評估標準，所以利多的類型若是一次性，那麼實現的時候通常就是股價的高點。

另一種利多是過去並未在股價上表現出來，但是對公司有長期正面的幫助，那麼公布後股價就算攀升，投資人也無須急著出脫，應該重新評估影響性，例如合併案的綜效評估、財報公告後損益優於預期等，再決定新的目標價位。

3. 是否進入循環周期的高峰？

景氣循環股通常在股價高峰時，不僅投資氣氛最樂觀，本益比也會出現偏低現象。請記住，只要是景氣循環股，歷史股價淨值比的高點就是滿足點，千萬不要陷入「低本益比」的陷阱，當循環高

第四章：別人關心停損，我在乎的是停利

峰到了，就算景氣能夠維持較長的一段時間，股價高點亦無多，所以應該逐步出脫持股，這是投資景氣循環股應有認識，千萬不要用錯了評估指標。

4. 技術性噴出，就得有隨時賣股的心理準備

股價噴出是一種買盤的宣洩，根據我個人的經驗統計，有一句口訣提供給投資人參考：「不見跳空不見頂，不見跳空不見底」。這裡的**跳空是指出現連續 3 次，當連續性的買盤或是賣盤出現，這股追價的力量就會宣洩完畢**，股價通常會達到合理評價之上，所以當股價出現噴出時，就得有隨時賣股票的心理準備。

不過，這不是說股價一定就會見高拉回，還是要分析造成跳空上漲的內涵。如果成長力度夠大，在經過幾天整理後，或許會再展開新一波的行情。但是在這個點賣出持股、獲利了結，基本上已經賺得合理的報酬了。

先確認是實質利空或大環境改變

虧損賣出的原因，通常不是來自特定訊息，多數是因為當初的買進決策很隨性或不夠嚴謹，心中抱持短線投機的心態，所以偷雞不著蝕把米。其實，短線操作有短線的決策模式，通常看的是當下的「氣勢」，時間不利於短線持有者，千萬不要短投被套變長投，這是我一再提醒投資人的重點，也是很容易犯的錯。不過，就算是短線，建議也不能太隨性，買進決策一定要有依據，比如技術線型很漂亮（技術面）、有特定人士要買進（籌碼面）、有利多會見報

冠軍操盤人黃嘉斌獲利的口訣

（消息面）等，只是短線交易來得快去得也快，賺了錢要快跑，賠了錢更要快跑。

虧損賣出最怕的就是出現實質利空的狀況，利空當然不利於股價，如果是長遠的影響，自然只有出清一途。但是實際操作中，最常出現的是公司出來澄清利空子虛烏有，這時候就要多加思量。

假設股價在低點出現利空，只要評估最壞情形會如何？是否已充分反應？不必急於出脫。若是股價在高點出現利空就要特別注意，建議先衡量股價所處位置，**若是股價的結構已經反映了對未來的預期，本益比也高於同業水準**，那麼建議小心為上，還是**降低一些持股較佳**。

至於突發性利空的出現，如果來自大環境發生改變，例如天災（921大地震、331大地震）之類，並非來自公司營運上的過失，此時無須急於出脫股票，一段時間過後，大多會回到原來的股價位置。如果是公司營運上的利空，又是突發性的狀況，我的處置方式一般會偏向出清持股，因為已經無法掌握這家公司的脈動，繼續持股所暴露的風險將無法評估。

總之，投資的關鍵在先選出好標的，然後賣在相對不錯的位置，順利出場，就是一次成功的投資，因此多思考如何讓自己退場的姿態優雅些吧！

第四章：別人關心停損，我在乎的是停利

【黃嘉斌的獲利重點】

1. 當買進某檔核心持股標的時，心裡所訂的那個目標價最具參考價值。
2. 景氣循環股的歷史股價淨值比來到高點，就是滿足點。
3. 突發性利空如果是因大環境發生改變，無須出脫股票，因為之後大多會回到原來的價位。

冠軍操盤人黃嘉斌獲利的口訣

第二節
看到技術性噴出，
代表高點已不遠

　　時間回到 2004 年 3 月 18 日（星期四），台股大漲 209 點，漲幅高達 3.09%，加權指數收在 6,787.03 點，成交量也衝出 1,751 億元。當時，來自各地選舉的賭盤分析，「連宋配」很有機會在總統選舉中勝出，因此許多選前即已獲利了結的股民再度積極搶進，希望能在選後的慶祝行情中分一杯羹。

　　到了隔天，3 月 19 日（星期五），股市交易依舊十分熱絡，成交量維持 1,633 億元的大量，收盤時小漲 28.06 點，指數收在 6,815.09 點。

　　我還記得那時即使已經收盤了，辦公室裡仍然瀰漫著熱鬧的氣氛，有的同事在忙碌一週後等著放假休息，有些人忙著打電話約朋友去喝下午茶，還有些人則是大談闊論的為各自支持的藍、綠陣營發表看法。只是在這樣的氛圍中，我卻隱約覺得有一股說不出來的詭異感。

　　當天下午 1 點 45 分，尋求連任的總統陳水扁與副總統呂秀蓮正在民進黨的大票倉——台南市金華路掃街拜票，道路兩旁的群眾還燃放鞭炮迎接，然而說時遲那時快，炮竹聲掩蓋了不知從何而來的槍聲——阿扁總統遭到槍擊了！

　　這場突如其來的變故，攪亂了看似底定的政經局勢。3 月 20

第四章：別人關心停損，我在乎的是停利

【圖表 4-1】2004 年 3 月台股加權指數資料

時間	開盤指數（點）	最高指數（點）	最低指數（點）	收盤指數（點）
2004 年 3 月 18 日	6,572.73	6,791.85	6,570.53	6,787.03
2004 年 3 月 19 日	6,783.52	6,833.49	6,751.54	6,815.09
2004 年 3 月 20 日	—	—	—	—
2004 年 3 月 21 日	—	—	—	—
2004 年 3 月 22 日	6,360.33	6,368.03	6,358.73	6,359.92
2004 年 3 月 23 日	6,033.65	6,299.09	6,020.64	6,172.89
2004 年 3 月 24 日	6,265.74	6,265.74	6,100.83	6,213.56
2004 年 3 月 25 日	6,234.82	6,250.40	6,142.90	6,156.73
2004 年 3 月 26 日	6,227.17	6,239.23	6,117.27	6,132.62

指數下跌

資料來源：臺灣證券交易所。

日大選開票結果，連宋配以 29,518 票的些微差距，敗給了逆轉勝的陳呂配。到了選後的第一個交易日（2004 年 3 月 22 日），台股無量下跌，成交量急速萎縮到 472 億元，指數重挫 455 點，跌幅為 6.68%，個股則全面跌停……。

確定減碼，就不要受市場貪婪左右

上述情景歷歷在目，我還記得當時電視新聞快報這宗槍擊案時，眾人一片錯愕，還一度以為是新聞誤傳，直到媒體確認後，我

冠軍操盤人黃嘉斌獲利的口訣

的手機便開始響個不停，同業紛紛致電詢問我，星期一開盤該如何因應等。

其實一位在證券業上班的友人，選前便曾與我討論過關於行情的看法，無論從景氣面、政治面及產業面分析，我們都傾向於應該在**選前1個月就要逢高陸續出脫持股，以求落袋為安**。

特別是面板產業，因為當時市場上一直盛傳玻璃基板與冷陰極管（CCFL）缺貨的消息，相關概念股也炒得十分火熱。但是根據我們所蒐集的資料顯示，各地區發貨倉庫的庫存，其實已經從零慢慢增加到1個月的正常水準，這是一個重要警訊，表示供貨不再吃緊，需求力道顯然不是外界所認為的那樣。因此，我們確切執行選前減碼的決策，然後靜待選舉結果。

我認為無論藍綠陣營誰勝選，就算台股有慶祝行情，也只是一時，投資人最終還是要站在賣方、獲利了結。類似這樣的行情看法，從當時大盤加權指數在3月5日見頂後拉回修正，想必一些理性的投資人也確實是想這樣執行。只不過，選前兩天又受到民調風向球的影響，市場普遍相信連宋將會順利當選，所以又燃起大多數人的貪婪之心，於是進場大買，結果自是不言而喻。

一次性利多消息，股價也會一次反應完畢

從這件案例來看，投資輸贏就在一線之隔，因為兩顆子彈並沒有改變股市原有的趨勢，儘管選後兩個交易日的大盤指數就跌掉785點，但是1個月後，指數還是回到崩跌前的位置，然後再正式開始進行向下修正的走勢，一路跌到5,500點附近，這期間如同當

初我所研判的結論，也就是市場開始傳出面板景氣不如預期、從漲價轉為跌價等。

當投資人的貪婪超越理性後，往往不能確實遵從理性思考所做的決策，還會貿然躁進的想狠撈一筆，最終便落得偷雞不著蝕把米的下場。不過話說回來，股票的賣點真的不容易掌握，所以才會有人說：「懂得買股票的是徒弟，會賣股票的才是師父。」

關於賣點的選擇，其實無論從技術面還是基本面來研判，都有不少可供參考的訊號，但是在討論前，建議投資人不要抱持著「想賣在最高點」的態度，否則不僅追不到最高點，還很容易淪為最後一隻老鼠。

我的看法是，嫻熟量價關係，再巧妙運用，對於股價高低點的判斷很有幫助。一般而言，**當股價出現「技術性噴出」時，通常代表高點已不遠了**。「技術性噴出」指的是股價連續跳空上漲，而這種現象的背後意涵是指，該檔股票先前所潛藏的利多，已經在市場上被完全揭露出來，導致投資人不計價格、全力買進，也因此推升了股價。

當買盤得到滿足後，買方的力量自然會衰竭，股價也不容易再向上推高，甚至先前以低價買進的投資人，也會趁機獲利了結。即使換手成功，也需要一段時間消化整理籌碼後，股價才有可能再度往上。

此外，當一次性的利多消息出現時，譬如高溢價的合併、處分資產的認列等，股價最容易在次日開盤即「跳空漲停」，而且持續一價直到收盤。舉例來說，仁寶（2324）在2013年9月30日，宣布以50.8元收購華寶（8078，已於2014年2月27日下市）的股

冠軍操盤人黃嘉斌獲利的口訣

【圖表 4-2】2013 年 9 月至 10 月華寶（8078）收盤價資料

日期	收盤價（元）
2013 年 9 月 30 日	43.50
2013 年 10 月 1 日	46.50
2013 年 10 月 2 日	49.75
2013 年 10 月 3 日	49.95
2013 年 10 月 4 日	49.85
2013 年 10 月 7 日	49.80
2013 年 10 月 8 日	49.85
2013 年 10 月 9 日	49.90
2013 年 10 月 11 日	50.00
2013 年 10 月 14 日	50.00
2013 年 10 月 15 日	50.10
2013 年 10 月 16 日	50.20
2013 年 10 月 17 日	50.20
2013 年 10 月 18 日	50.30
2013 年 10 月 21 日	50.20
2013 年 10 月 22 日	50.20
2013 年 10 月 23 日	50.20
2013 年 10 月 24 日	50.20
2013 年 10 月 25 日	50.30
2013 年 10 月 28 日	50.40
2013 年 10 月 29 日	50.40
2013 年 10 月 30 日	50.40
2013 年 10 月 31 日	50.40

- 仁寶（2324）宣布收購華寶。（對應 2013 年 9 月 30 日）
- 華寶的股價連續兩天拉漲停。（對應 2013 年 10 月 1 日、2 日）
- 之後股價便沒有太大的起伏。

資料來源：臺灣證券交易所。

權，溢價幅度達到 16.78%，次日華寶的股價就以漲停開出，並連續兩天拉漲停板，之後股價便呈現一直線的走勢。但是既然屬於一次性利多，通常股價也會一次反應完畢，很少會分階段調整價格，這也是必須特別留意的重點。

看到評等報告二次調升時，就要逢高出脫

什麼時候要賣股票，還有一個觀察重點，就是留意個股的評等報告。

有一些外資或本土券商的研究機構，經常對外宣稱將調高某公司的目標價，然後我們就可以看到該公司的股價跟著上漲。值得留意的是，若研究機構發布的是二次評等報告，投資人應該觀察目前的股價是否已接近先前預設的目標價，除非公司出現新利多，否則**二次調高的意見就不如第一次預估來得客觀**，而且調高目標價的背後，很可能是受到短期盤面的影響所致。

因為我在閱讀這類二次調升的評等報告時，常發現它陳述調升的原因，大多數的內容與前次買進的理由並無差別，甚至連獲利數字的預估也沒啥改變，唯一不同的是，這些研究報告上的目標本益比被調高了。

還有，當股價上漲時，市場的預估常會偏向樂觀，而這現象的出現，也等同暗示著股價開始進入不理性的階段，聰明的投資人此時當然以逢高出脫為原則。

以景氣循環股來看，**在達到循環高峰時，請記得一定要站在賣方**。雖然當下的投資氣氛最樂觀，本益比也會出現偏低的現象，但

冠軍操盤人黃嘉斌獲利的口訣

是評估這類型股票的依據是「股價淨值比」，所以一旦到了歷史股價淨值比的高點，那就是滿足點，**千萬不要落入「低本益比」的陷阱**。從我的經驗來看，到達循環高峰後，就算景氣能夠維持較長的一段時間，但是股價出現高點的機會也不多了，當然應該逐步出脫持股。

投資學堂

- **本益比**：即股價÷每股稅後盈餘（EPS）。本益比介於12與20之間，算是合理；本益比小於12，算是偏低；本益比大於20，有可能偏高。

- **景氣循環股**：某些產業很明顯的會受到景氣好壞的影響，相關族群的股價也會跟著上下波動，譬如營建股、鋼鐵股、航運股等。

- **股價淨值比**：即每股市價÷每股淨值。股價淨值比介於1和2之間，算是合理；股價淨值比小於1，算是偏低；股價淨值比大於2，有可能偏高，必須進一步研究。

【黃嘉斌的獲利重點】

1. 慶祝行情只是一時，投資人最終還是要站在賣方、獲利了結。
2. 不要抱持著「想賣在最高點」的態度。
3. 當景氣循環股一旦到達歷史股價淨值比的高點時，就要賣出。

第四章：別人關心停損，我在乎的是停利

第三節
以期望報酬的 3 成，為停損點

　　停利有時比停損更難，因為要抗拒人性中「貪婪」的部分，所需要的勇氣更大，所以用紀律去限制貪婪，就更重要了。

　　停利點與停損點的設定，精神上相當雷同，前者是為了保持戰果免於來去一場空，後者則是避免在投資失利時，讓自己陷入萬劫不復的地步。在投資操作上，最難克服的心魔就是貪婪與恐懼，貪婪常讓人錯失好的賣點，恐懼則常讓人面臨虧損時選擇逃避，結果陷於是否該賣的危機中，所以有紀律的執行停利或停損，是投資人保護自己的必要方法。

　　只是在人類進化的過程中，便留下了趨吉避凶的基因。例如遠古時代的人類體型較嬌小，老是被猛獸追著跑，對於面臨危險的情境較能自發性的避開，並改採保守策略，所以停損會比停利來得簡單些。

　　一個懂得賣股票的人，賺錢的時候能夠賣到好價錢，提高報酬率，而出現錯誤投資時，也能保存實力、安然下車。

跌、漲都不想賣，這就是人性

　　在討論如何停利之前，我要先從停損說起，以便循序漸進的建

冠軍操盤人黃嘉斌獲利的口訣

立該有的投資紀律。

實務中，一般投資人很容易犯這樣的錯誤，就是把賺錢的股票賣掉，留下虧錢的股票。特別是虧很多的股票，乾脆就放著不管，本來想炒短卻當成長期投資看待，結果留來留去留成愁，甚至忽略了自己當初是用融資買進，股價越跌越不想理會，等到收到融資追繳通知單時，才慌慌張張、不知所措。

另一種狀況是，當買到一檔飆股時，天天想著只要股價再漲到多少錢就賣掉，然後卻不停的調高目標價，結果股價反轉下跌時，又告訴自己當初漲到多少錢時都不賣了，現在怎麼可以賣，接著股價續跌，又告訴自己沒關係反正還賺錢，就繼續拗下去。到最後，跌破買進成本了，只能生氣、失望、停損，白忙一場。

上述兩種情境一直反覆出現在許多投資人操作的實務中，面對這樣的窘境，透過停損、停利就可以獲得解決。就以停損這件事先來自我設限，基本上訂定停損的計畫與規範，前提是根據個人對於虧損的最大容忍程度。

再來，就要考慮持股內容的屬性，比如是長期投資或者偏向中短線的交易，則分別設定停損的比例。**以中短線交易來說，大多是以買進股價的15%至20%作為停損標準**，一旦觸及便要確切執行停損。

若是定義在長期投資的標的，我會建議應該事先評估風險報酬的比例，然後設定分批承接的買進計畫，再根據設定的期望報酬率，決定停損的價位。

以提供照明用透鏡的雷笛克光學（5230）為例，2014年4月初的股價約在100元，經評估後認為股價滿足點為150元，我會設定

第四章：別人關心停損，我在乎的是停利

期望報酬率的 3 成作為停損點，算式如下：

> 價差：150－100 = 50（元）
> 報酬率 3 成：50 × 30% = 15（元）
> 停損價位：100－15 = 85（元）
> 因此，當雷笛克光學股價落到 85 元以下，就要停損。

或許有人會說，100 元到 85 元只有 15% 的空間，從長期持有的角度來看，會不會設定得太嚴格了？

實務上不會，因為股價雖是 100 元，在下跌過程中根據分批買進計畫，應該會在 90 元或 80 元等價位持續承接，假設都是定量買進，此時平均成本為 90 元，下跌 15 元的價位即為停損點，也就是 75 元（90－15 = 75 元），這個價位距離第一筆買進的價位已經達到 25% 了，若是仍會觸及停損點，只怕不是標的出問題，就是有系統性的風險。

長期投資標的的持有時間大多在 3 個月以上，甚至持有 6 個月至 1 年的時間，股價波動度通常較大，所以根據期望報酬率來調整停損點及願意承擔風險的空間勢必需要。

再者，分批逢低承接是有效降低長期投資風險的好方法，因此更應該事前就設定在投資計畫中。

至於非長期投資標的，千萬不可因為買進後慘遭套牢，便一路往下承接，以避免碰觸停損點，這種做法只是自欺欺人而已，因為虧損率或許降低了，但是虧損總額卻是不斷擴大，此時要思考的是「莫忘初衷」——到底當初買進的原因為何？再決定是否向下攤

平。特別提醒，**向下攤平絕對不要超過 2 次，買進攤平金額也不要超過當初買進的總額**。

另外，關於整體投資部位的停損也不可忽略，一旦設定為 15％ 至 20％，當觸及時應該立即停止任何買進，並且從弱勢股開始減碼（即虧損最多的個股），先將部位降至可以忍受的範圍，或者全部出清也是很好的做法，如此更能讓心態歸零後澄清思慮，做出較客觀的研判。我經常這樣做，等心情沉澱下來後再重新投入，如果不能毅然決然的這麼做，只怕很快便面臨「危機處理」的關頭了。

「停利」分兩階段進行，可保留 1／3 長期持有

對於停利的做法，要分兩個階段進行。第一個階段是達到目標價時，無論如何都要強迫自己出脫 3 成持股，以獲利了結。接著調整心態，把剩餘的部位視為短期投資，盯緊股價變化，別忘了**「漲多」永遠是股價最大的利空**，一檔股票能夠上漲至目標價位已屬不易，對於超出部分就不要在意，巴菲特就是經常「賣太早」，才能在投資界屹立不搖。

第二個階段是股價漲多後開始回落時，當回檔幅度達到從高點起算的 2 成時，應立即停利出場。比方說股價由 50 元上漲至 80 元，一旦回檔至 71 元，就要停利出場（請見右頁算式）。從過去經驗來看，若是股價維持強勢，回檔幅度通常不會超過 3 成，只要跌幅超過 3 成，就有走弱的跡象。

第四章：別人關心停損，我在乎的是停利

> 價差：80－50＝30（元）
> 回檔幅度 3 成：30 × 30％＝9（元）
> 停利價位：80－9＝71（元）
> 因此，當股價漲多後開始回落到 71 元以下，就要停利。

一方面，就算多頭格局不變，也需要時間整理，所以這時就算先賣出持股，仍有足夠時間考慮是否再度買回。另一方面，若是該標的長期趨勢仍十分看好，最多可以保留 1／3 作為長期持股，直到整個波段結束再出清。

如果你是一位有自信、經驗豐富，且有紀律的投資高手，那麼在操作的邏輯裡，建議可以採行一種「總損益浮動的停損機制」，即用前一個月的獲利金額作為本月操作的虧損上限。也就是說，若是上個月賺了 100 萬元，那麼這個月的操作就不能虧損超過 100 萬元，若是本月虧了 50 萬元，下一個月最多只能再虧 50 萬元，一旦觸及就要「自我停權」，退出觀望。這也可以視為一種最簡單、但適用於高手等級的「預防式危機處理程序」，即在停利階段便執行的一種方法。

萬一一開始就虧錢，沒有本錢可當作參考依據又該怎麼做？那麼就要認清現實──你不屬於「投資高手」等級，就不要想太多了，還是乖乖的從頭一步一步的學習操作吧！

冠軍操盤人黃嘉斌獲利的口訣

【黃嘉斌的獲利重點】

1. 中短期投資以買進股價的15%至20%為停損標準。
2. 長期投資以期望報酬率的3成當作停損點。
3. 達到目標價時，強迫自己停利3成。
4. 股價漲多後回落至高檔的3成時，停利出場。

第四章：別人關心停損，我在乎的是停利

第四節
真假利空怎麼看？
是轉折，還是要快跑？

2012年10月新聞報導：「上週五（2012年9月28日）盤中傳來港商里昂證券將聯發科（2454）投資評等由『表現劣於大盤』調降至賣出，引發股價急跌，一度觸及跌停（303元）。」當時我細看該份報告內容是說，由於聯發科的頭號競爭對手美商高通（Qualcomm）推出8225Q、8625Q、8930等3款新晶片，將採行殺價策略來搶奪市場，預期未來聯發科難以再享有高毛利率，所以降低評等至賣出的建議。

對於這樣的推論，在邏輯上確實合理，卻有進一步深思的必要。對於一顆新晶片的推出，可能造成的效益與影響，至少有3個面向必須思考：首先是時間，即推出的時間與競爭對手的落差有多久；其次是晶片的成本，通常可用製程推估；最後則是晶片所能提供的各種效能與支援。這3個面向也是投資人在研判時，能夠蒐集到的資料，更是在決策前應該要做的功課。

出現競爭者就是利空？是我懂還是外資懂？

以高通推出新晶片的時間來看，原本計畫推出的8226、8227晶片，因為無法如期完成，所以發表下一款的新晶片來取代，其中

冠軍操盤人黃嘉斌獲利的口訣

8225Q被視為是市場上與聯發科新晶片6588競爭的最重要產品。但是8225Q晶片才在2012年9月設計完成、送交製造，足足落後聯發科2個月時間，要大量生產估計最快也是在2013年第2季。至於這兩家公司在2012年的主力晶片8225Q、6577，則是同時推出樣品，時間上沒有差別問題。

從成本的角度分析，8225Q採45奈米製程、6577都是採行40奈米製程、6588則是28奈米製程，就晶片成本優勢來看，製程的差距不大，產品成本結構相仿。但是就效能分析，6577（採A9架構）的效能明顯優於8225Q（採A5架構），而6588支援了TD版（支援行動2G／3G）、1,300萬畫素鏡頭，都優於8225Q。

根據上述3個面向分析，聯發科推出產品的時間同時或早於高通，成本部分兩者差距不大，至於效能則是聯發科明顯優於高通。換句話說，下一輪的競爭，從高通在2012年推出新晶片的藍圖看來，還不至於改變當時市場態勢，聯發科應該可以持續提高市占率，並且提升獲利水準。

【圖表4-3】2012年下半年聯發科與高通推出產品比較

公司名稱	產品推出時間	產品成本	產品效能
聯發科	較早 勝	－ 平手	較強
高通	較晚	－	較弱 勝

第四章：別人關心停損，我在乎的是停利

經過仔細研究後，我與外資剛好持相反的看法，研判這是一次很好的加碼時機。事後證明了，經過一年多的時間，聯發科的股價穩穩的站在 400 元之上，2014 年 5 月 5 日盤中還一度來到 530 元的高價（漲幅達到 74.91％）。由此可見，當初的利空反而是低價買進的機會。

【圖表 4-4】聯發科（2454）週線圖

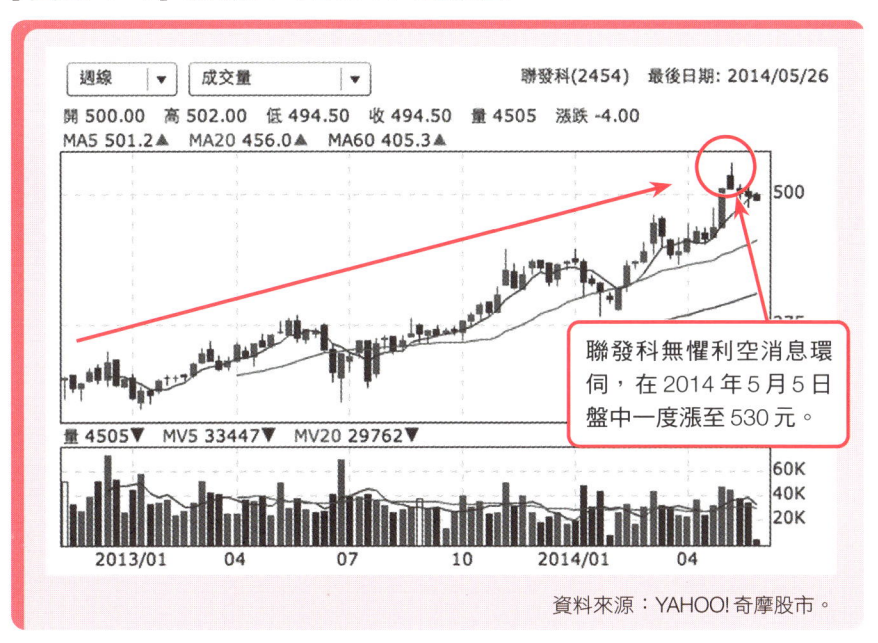

聯發科無懼利空消息環伺，在 2014 年 5 月 5 日盤中一度漲至 530 元。

資料來源：YAHOO! 奇摩股市。

事實上，**IC 設計產業不斷推陳出新**，也隨時會出現後進者挑戰的聲音，這是 IC 產業的常態，也是業者習慣面對的挑戰。**唯有失去新應用的發展與創新，因而停滯了成長動能，才是這類公司最害怕面臨的困境與危機。**

171

冠軍操盤人黃嘉斌獲利的口訣

在股票投資中，每次不同面向的利空出現，背後代表的意義往往是一次轉折的危機或商機。在上述聯發科的實際案例分析中，或許有人會認為，高通與聯發科產品的推出時間與效能評估似乎太專業，其實一點都不會。這些資料只要上網查詢就能取得，許多科技達人也會對產品效能等做出專業評估，投資人要做的只是將資料蒐集下來好好比較，也許會多花一點時間，但天下本來就沒有白吃的午餐，不是嗎？

公司成長受挫，出脫持股別捨不得

2007年至2008年最火紅的產品，應屬日本任天堂公司推出的體感遊戲機Wii，相信大家一定對當時熱賣的情況記憶猶新。當時由於臺灣延後上市開賣，只要國人赴日旅遊幾乎人手一臺的買回來，就連日本當地也被買到缺貨而必須限量（一人兩臺）。這並非現在流行的「飢餓行銷」所刻意製造的限量供應以沿續熱潮，因為最後這款Wii遊戲機一共賣出一億多臺，也創下空前的紀錄。

對應台股投資標的，最大受益者就是提供感測晶片的原相（3227），股價在2007年1月11日創下596元的天價，當時市場充斥著利多的樂觀氣氛。然而，原相在高檔整理一段時間後，同月底股價卻忽然重挫。事後揭曉，原相在2007年1月的營收不如市場預期，反向下滑的營收令絕大多數的法人錯愕，所以股價在公告營收後繼續下滑，跌落至383.5元，甚至下跌到212.5元才止穩彈升。

這次利空又是提供逢低買進的大好時機嗎？錯！我的做法是在原相公告營收後的次日開盤前，即以跌停價格賣出全部持股。

第四章：別人關心停損，我在乎的是停利

因為在五百多元的天價背後，市場預期熱賣的遊戲機 Wii 的搖桿配置率，會從 1.5 套增加至 2 套，甚至 2.5 套。也就是，需求量會較原先預估的增加 5 成以上，是這樣樂觀的估計才將股價推升至天價區。

沒想到，原相的營收卻未如預期的逐月攀升，反而呈現季節性的波動，成長動能未如預期強勁，因此接下來的 2007 年 2 月營收恐怕也不樂觀。接著，2008 年的營收、獲利預估，必然要向下修正。這是基本面的假設已經有所改變，特別是出現在高期許、高股價之後，泡沫已被戳破，所以賣出就是最佳選擇。

當時出現這項重大利空後，我也立即詢問一些持有原相股票的法人同業，看看他們打算如何處理。絕大多數人的回答都是，之前

【圖表 4-5】原相（3227）月線圖

利空罩頂，原相的股價從 2007 年 1 月一路下跌。

資料來源：群益金融網。

冠軍操盤人黃嘉斌獲利的口訣

原相也曾下跌,但之後又漲回來,所以想再觀望一下。他們的回答說明兩件事:第一,法人有投鼠忌器的心態,擔心自己殺到自己的股票、互相踐踏,所以想先看情況再說,這其實也是人性中常會選擇逃避的表現;第二,只要次日以跌停賣出,成交機會很大。

原相股價上漲,憑藉的是 Wii 商品的熱賣,但是別忘了,電視遊樂器的高成長一般約在一年半至兩年的時間,股價最大漲幅也在第一年便反應完畢,就算回檔後股價仍有機會挑戰新高,只是時間漫長、漲幅也不大,更換標的會是更好的選擇。

事後證明了,原相的股價在不到 1 個月內下跌了 200 元,卻花 6 個月才勉強再站上 500 元的價位,可惜不久後又再度崩跌。因為 Wii 的高峰期已到達,暑假旺季的備貨 IC 也早在 6 月即已出貨,Wii 的供貨也不再短缺,縱使消費者的熱度不減,最多也只是持平,這對成長股來說就是最大的殺傷力,因為已經失去成長的想像空間。

果然,2008 年原相獲利 13.6 億元(EPS 為 10.9 元),2009 年獲利 8.48 億元(EPS 為 6.16 元),雖然表現還不錯,但是僅 10 元獲利,股價卻跑到五百多元,除非 2009 年的獲利往 15 元至 20 元成長上去,才能支撐這樣的股價。2008 年 7 月過後,原相成長趨緩,全年獲利水準大致也有估算的標準,因泡沫結束,股價再度修正,也正式結束這次的漲升。

到了 2025 年 6 月 10 日,原相的股價為 213.5 元,至於後續的股價是否會再揚升,仍須視市場對 Switch 2 與電競滑鼠的需求是否強勁而定。

股市傳來利空消息,不盡然都得逃命,有時候也可能是逢低買進的良機,要懂得分辨利空的真假,好好檢視個股基本面的發展,

第四章：別人關心停損，我在乎的是停利

才能做最後的決定。否則，利空的本質終究是利空，不要為了反市場而反市場，不然很可能會落得「眾人皆醒，唯我獨醉」的窘境。

【圖表 4-6】原相（3227）近年月線圖

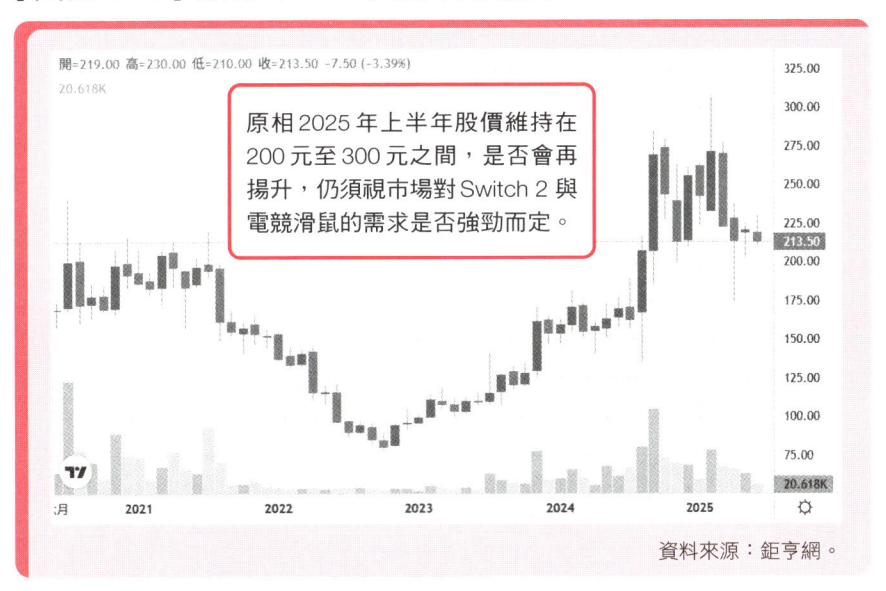

原相 2025 年上半年股價維持在 200 元至 300 元之間，是否會再揚升，仍須視市場對 Switch 2 與電競滑鼠的需求是否強勁而定。

資料來源：鉅亨網。

【黃嘉斌的獲利重點】

1. 當利空來襲，先檢視個股的基本面是否已產生變化。
2. 公司成長動能持續，假利空是逢低買進的好時機。
3. 公司成長受挫、獲利下降，立刻出脫持股。

第五章

別人恐懼我貪婪，怎麼辦到？

冠軍操盤人黃嘉斌獲利的口訣

第一節
盤面「最有意義」的 3 種變化：佯攻、強攻、詐敗

我很喜歡用打仗來形容股市投資，看著盤面上股價的變化，有些是「佯攻」（股價拉假的），有些是「強攻」（拉高吃貨），又有些是「詐敗」（拉回洗盤），這是股市常見的 3 種狀況。另外，還有一些狀況不明、難以判斷，那就是隨波逐流的走勢，這類公司默默扮演跟隨者的角色，股價漲跌最難掌握，不是投資的好標的。

每天盤面上指數的跳動，以及每檔股票價格漲跌的背後，都是很多因素共同創造出來的，最簡單的說法或是以觀察方式來解釋，就是買賣雙方提出的價格都能夠得到滿足的均衡點。

不過，買賣雙方的勢力隨時在消長、更動，兩造之間也充滿著爾虞我詐的氛圍，唯有回歸基本面，才能掌握影響買賣雙方力道變化的長期關鍵。

只不過，用一句話帶過很簡單，但實務上基本面的探尋、研究，有許多狀況不是一般投資人可以做得到。專業的投資機構每年少則花兩、三千萬元投入，多則 5,000 萬元、1 億元的花在基本面研究上，其難度與所花費的心血可見一斑。

反而是透過股價與成交量等交易資訊，既確實也隨手可得，因此判讀量價背後隱含的訊息，便成為投資大眾進出股市不可或缺的研判依據。

第五章：別人恐懼我貪婪，怎麼辦到？

要特別提醒的是，一則簡單的訊息背後，經常隱含著複雜的原因，能夠研究出原因最好，如果不能，至少要從結論（量價表現）來歸類出股價可能上漲或下跌的型態。至於無法歸類的部分，就放棄不理吧，畢竟台股有一千八百多檔股票，我們只要選擇勝算高的標的就好，有捨才有得。

價量皆創新高，準備強攻

一般最常見、具有意義的股價變化型態，就是本文開頭提的「強攻」、「佯攻」及「詐敗」3種。

假設**研判是強攻時，操作上要有霸王的氣勢，勇於追高買進**。當股價開始啟動攻勢，這通常也被稱為「最後的買點」，錯過的投資人只能扼腕，因為再也買不下手。不過，我們最常見的情況是，當股價上漲後沒多久，市場上會傳來基本面的利多消息，如果錯過發動點、沒進場的投資人，最後又忍不住跳進去追價，這時候真的很容易買到最高點。

觀察股價是否「強攻」，最重要的指標還是不脫K線型態與量價關係的研判，可以區分為開盤與收盤後的變化。

例如，股價在底部區整理很長一段時間，成交量也跟著縮小，當出現忽然爆量上漲的現象，通常第一天很容易漲停鎖住，成交量雖然放大，但一般來說還不是很大，很可能是賣盤惜售的關係，並未充分換手。

關鍵是在次日之後，如果**買盤不歇、持續爆量，股價還創新高，成交量則越大越好，至少要有前波高點成交量的1.2倍以上**，

冠軍操盤人黃嘉斌獲利的口訣

若是達 2 倍且收在最高點，就是新一波漲勢的開始，接下來的行情不容小覷。

假設在當日一開盤即出現跳空上漲，後續幾盤交易都是大量上攻、股價往上，那麼當天最後的股價很有機會收高，這可能就是拉高進貨的攻擊式做法。若是搭配股價創新高，最終成交量也突破前波高點的成交量，啟動新波段上漲的跡象就更加明確。

假拉抬，真出貨，特徵是量價背離

另一種型態是「佯攻」，一開盤的股價開得很高，也可能立刻突破前波高點，表面上和前面提及強攻的拉高進貨很雷同，差別在於後面連續幾盤的交易量卻未再增加。攻勢曇花一現，股價往下，成交量縮小，接著出現盤中重複反彈下跌，來回震盪，最重要的特徵是，下跌有量、上漲量縮，呈現量價背離的走勢。

其背後有 2 種原因：一是基本面已經有所反應，背後的動能不夠強，強勢拉高的意願不高所致，也可能是作手的實力不強，所以量縮的創新高價通常都會拉回。另一種原因是「假拉抬，真出貨」，通常出現在基本面薄弱，用消息面、題材等作為推升股價的理由，有特定人在操控股價。因為有許多投資人是看「線型」作為進出依據，尤其是中小型股籌碼少，較容易受到人為雕琢，亦即所謂的「作線」，把 K 線型態做得很漂亮，投資人一時不察就很容易掉入陷阱。

留意一次性賣壓，「詐敗」會先蹲後跳

最後，還有一種是「詐敗」，隱含的意義是拉回洗盤，這時候採取低接的策略就是王道。詐敗會出現在 2 種情況：一是對於公司基本面的發展有深入了解，只是發酵的時間未到，此時股價也不太容易有很好的表現，所以出現一次性下跌時就去低接，可以買到好的價位。**當一次性賣壓結束，股價又會回到整理區間，若股價位於底部一段時間，上攻前會出現「先蹲後跳」的走勢**，稱為「最後的洗盤」，也就是我說的「詐敗」，然後開啟一波新行情。

另一種會出現「詐敗」的情況是，在股價推升的過程中，成交量不斷放大，而且一天比一天增加，短線上籌碼非常凌亂，有相當多的短線客參與其間，這時很容易出現籌碼失控的急殺走勢。其實，這樣的走勢可以用洗盤，或者「拉回是為了走更長遠的路」形容，股價回挫會讓短線客在匆忙間離場，甚至股價出現短暫的超跌，這對於長線投資者來說反而是好事，可以營造另一個買進的機會。但是切記，一定要對個股的基本面多做查證，不要將特定人出貨當成洗盤。

過去我曾聽到有某些公司明明在偷賣股票，但是當法人去拜訪時，這些公司一方面吹噓業績多好，一方面對於賣股票這件事解釋為：「壓股價是因為不想漲太早」。問題是，壓股價不就是賣股票嗎？投資人可以反問自己：「如果業績這麼好，我會願意壓股價、賤賣嗎？」至於說想將股價壓下來後再買多一點，這就更要小心，因為喜歡操控股價的公司可是一手現金、一手股票，若再加上內線消息，試問一般投資人怎麼跟他們鬥？

冠軍操盤人黃嘉斌獲利的口訣

不管是逢低承接,還是勇於追價,除了多注意量價之間的變化,也要多做功課,至少要查詢一下標的過往的訊息,多多閱讀財報,以降低認錯方向的機率。

【黃嘉斌的獲利重點】

1. 首日漲停,次日成交量達首日2倍、且收在最高點,宣告漲勢即將展開。
2. 下跌有量,上漲量縮,小心是「伴攻」。
3. 基本面佳的個股拉回洗盤,低接是王道。
4. 喜歡操控股價的公司股票,別買!

第五章：別人恐懼我貪婪，怎麼辦到？

第二節
新手套高檔，老手套反彈

對於一個急性子的優秀操盤人來說，「攻擊是最佳的防禦」。但是在股票投資這條漫長的路上，縱使能力再厲害，都有中途跌跤的時候。只懂得攻擊，卻少了風險管理的意識，稍有不慎就會輸在最後一把、難以翻身。

極端的肥尾效應，其實不極端

曾經有位林姓前輩，他的操作風格永遠是高持股、高周轉率，幾年下來，確實為他累積不少財富，也讓他在臺北市仁愛路上購置了好幾間房地產。然而2008年的金融海嘯，卻讓他瀕臨破產邊緣，因為他的操作哲學就是服膺「攻擊是最佳的策略」。

金融海嘯之前，這種積極攻擊型的做法，的確可以創造傲人的報酬率，當賺得夠多時，自然有足夠的本錢賠。只是2008年的金融海嘯雖不常見，卻也不意外。在統計學中有所謂的「肥尾效應」（Fat tail），就是說因稀有事件所造成的極端行情，實際上也並不如一般想像的那麼稀有。

以我過去一段時間的觀察，股票報酬率的分配，通常走向常態分配，與經濟學的循環理論相當吻合，但是**金融海嘯、股市崩盤等事件的發生，往往在經歷一個景氣循環結束時就會遇上**，小循環對

冠軍操盤人黃嘉斌獲利的口訣

應著「小肥尾」，大循環對應著「大肥尾」，金融海嘯就是典型大循環（18年循環周期的修正）下的崩跌。這個衝擊促使許多國際級的銀行倒閉，更何況是一般投資人，如果沒有做好風險管理，該如何擁有足夠的資金安然度過？

話說回來，我那位林姓友人所幸還有幾戶位於仁愛路上的房子，所以他在2009年將房地產拿去抵押，再投入股市，很幸運的翻身了。由此可知，大戶從股市中賺到錢之後最常做的一件事，就是置產，這便存在著另一種風險管理的意涵。

長期與股票市場為伍的投資人，每隔一段期間就會面臨肥尾現象，所以風險管理成為投資必做的工作。股神巴菲特經常鼓勵投資人要勇於危機入市，大家都明白這個道理，但是很少人做得到。除了投資心理素質不夠強之外，關鍵就在於當危機入市的時點已到時，投資人也同樣陷入危機中，根本沒有多餘資金可以投入，所以風險管理的積極意義，在於提供危機入市的機會。

「金字塔形」操作者要能預判股價回檔幅度

如何做好風險管理？簡單來說，就是投資前擬定好管理的計畫，然後確切執行。

風險管理主要著重在部位的控管，如何控制持股比例是要務，可以從「整體持股比例」與「個股持股比重」兩部分來談。不過，不同操作屬性的投資人會有不同的調整，以下提出一個標準做法與建議，請讀者吸收後再做出最適合自己的方法。

以整體持股比例來說，可以區分為「金字塔形操作」和「倒金

字塔形操作」兩種結構（見圖表 5-1）。

　　一般而言，「逢高出脫，逢低承接」是最佳的投資狀況，就整體持股比例而言，在低檔時承接股票，將持股比重加到最高，並隨著股價上漲時逐步出脫持股，因此當股價來到相對高點時，也是持股比重最低的時候，這就是標準的「金字塔形」操作。

【圖表 5-1】「金字塔形」與「倒金字塔形」持股結構

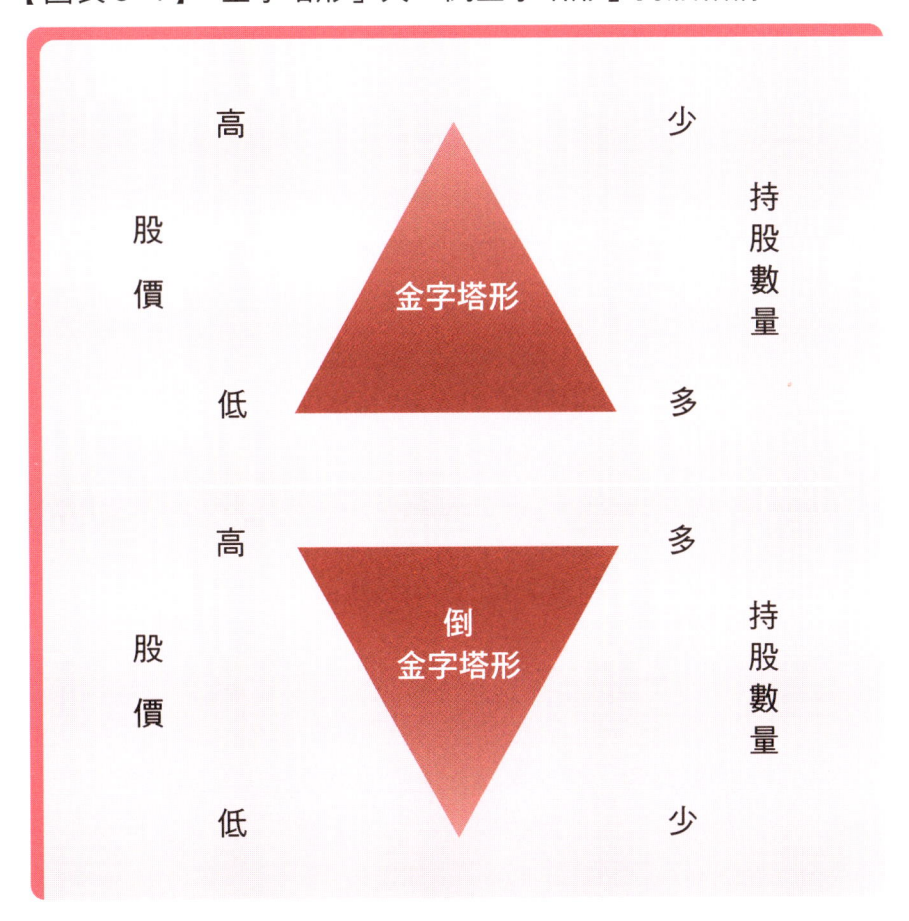

股價	金字塔形	持股數量
高		少
低		多

股價	倒金字塔形	持股數量
高		多
低		少

冠軍操盤人黃嘉斌獲利的口訣

長期投資者偏向「金字塔形」操作，這類人大多很有投資紀律與執行力，最後也大多會成為贏家。不過，採取「金字塔形」操作者有2點必須特別注意：

1. 確認總體趨勢的方向

雖然「逢高出脫，逢低承接」是投資獲利的最佳法則，但若是遇到長期趨勢往下，就算逢低承接，也只是越陷越深。即使是對股市操作熟門熟路的老手，也可能會誤判形勢，搞不懂究竟是趨勢向上的漲多拉回？還是趨勢向下的跌深反彈？

常聽人說：「新手套高檔，老手套反彈。」就是錯估了趨勢方向。對於「金字塔形」投資來說，確認趨勢是最重要的一環。

巴菲特在金融海嘯發生之際，也曾經公開認錯，他認為自己太早進場承接部位，所幸股神的口袋夠深，禁得起巨額虧損。但若換成是一般投資人，應該就無法安然度過危機了。

2. 預判股價最大可能回檔的幅度

對於研判逢低承接的價位，一般投資人在心態上很容易有股價修正3成至4成已經夠多了的想法，但是不能只計算起跌點，同時也要留意起漲點。當一個波段行情結束，修正3成便已止穩，是屬於強勢整理的格局。

如果是長時間上漲的行情，強勢個股的漲幅甚至會以倍數來計算，只是從高點算起回檔3成很正常，因為若從起漲點來算，可能還有倍數的報酬率，所以回檔幅度預估，不能單純只著眼於高點起算，對於起漲點的位置也要特別注意（見圖表5-2）。

第五章：別人恐懼我貪婪，怎麼辦到？

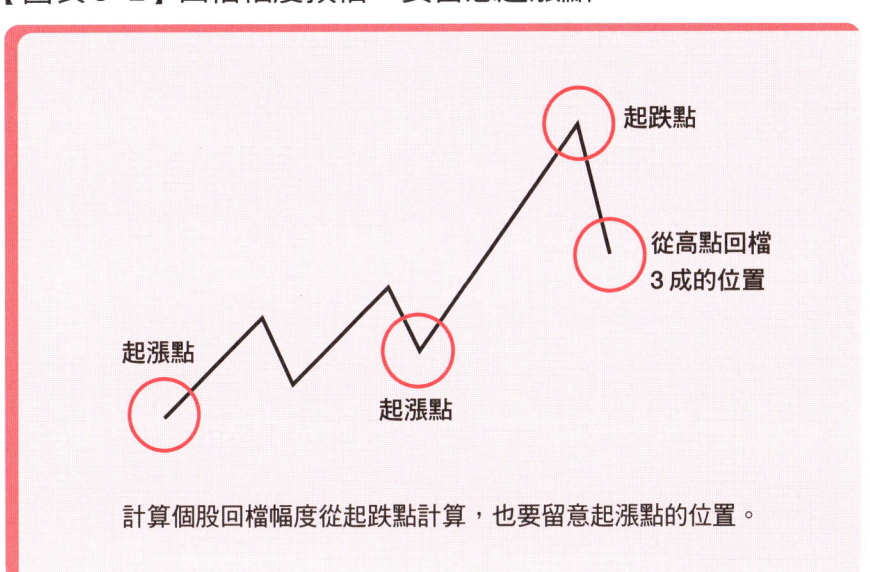

【圖表 5-2】回檔幅度預估，要留意起漲點

計算個股回檔幅度從起跌點計算，也要留意起漲點的位置。

　　許多投資人受重傷的原因，就在於誤認股價已腰斬，便大膽買進，萬萬沒想到股價又再腰斬，只剩下 1/4 的價格。這種例子很多，比如新普（6121）在 2011 年創下 270 元的高價後，經過 6 個月時間，一度下修到 148 元的低點，之後反彈站上 200 元，卻又滑落至 119 元，2016 年甚至跌破百元（見下頁圖表 5-4）。後來公司靠著非 IT 業務成功轉型、營運與政策刺激帶動，才走出低檔區間，重獲投資人青睞，2025 年 6 月 10 日股價來到 382 元。

　　另一例則是光洋科（1785），2007 年從歷史高點 367 元，一路跌到 84.4 元才反彈（見第 189 頁圖表 5-6）。如果買在 180 元，那麼你的口袋一定要比巴菲特還深，才有機會全身而退。再拉近來看，2025 年 6 月 9 日的股價為 61.8 元，要回到高檔區恐怕還有得等！

冠軍操盤人黃嘉斌獲利的口訣

【圖表5-3】新普（6121）基本資料

公司名稱	股票代號	主要營收	每股盈餘（元）	2024年配股（元）
新普	6121	鋰電池	2024年第2季：7.11 2024年第3季：7.73 2024年第4季：8.32 2025年第1季：7.74	現金股利：20.5

資料來源：YAHOO!奇摩股市。

【圖表5-4】新普（6121）月線圖

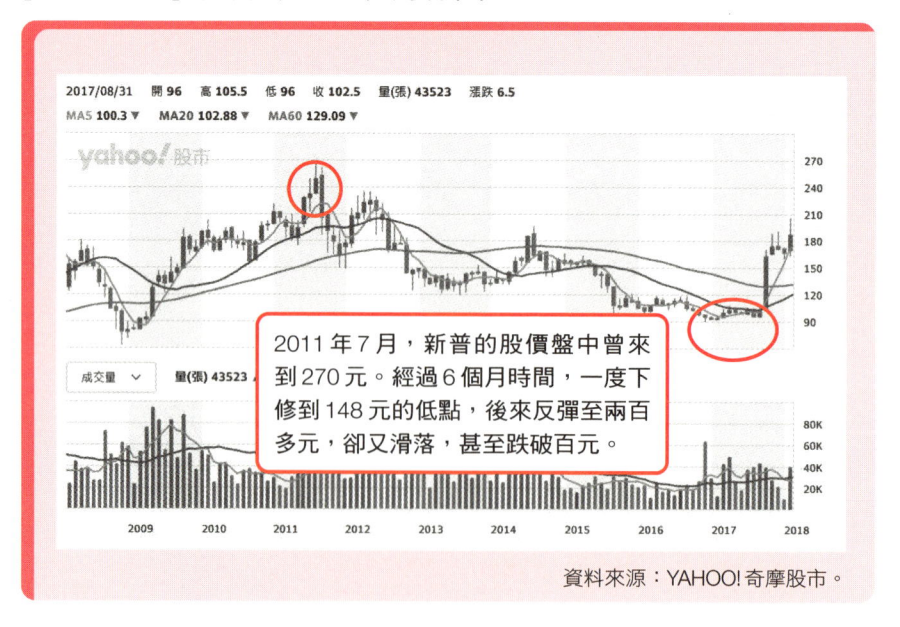

2017/08/31 開96 高105.5 低96 收102.5 量(張)43523 漲跌6.5
MA5 100.3 ▼ MA20 102.88 ▼ MA60 129.09 ▼

> 2011年7月，新普的股價盤中曾來到270元。經過6個月時間，一度下修到148元的低點，後來反彈至兩百多元，卻又滑落，甚至跌破百元。

資料來源：YAHOO!奇摩股市。

第五章：別人恐懼我貪婪，怎麼辦到？

【圖表5-5】光洋科（1785）基本資料

公司名稱	股票代號	主要營收	每股盈餘（元）	2024年配股（元）
光洋科	1785	鑄錠、貴金屬材料	2024年第2季：0.62 2024年第3季：0.77 2024年第4季：1.09 2025年第1季：0.6	現金股利：2

資料來源：YAHOO!奇摩股市。

【圖表5-6】光洋科（1785）月線圖

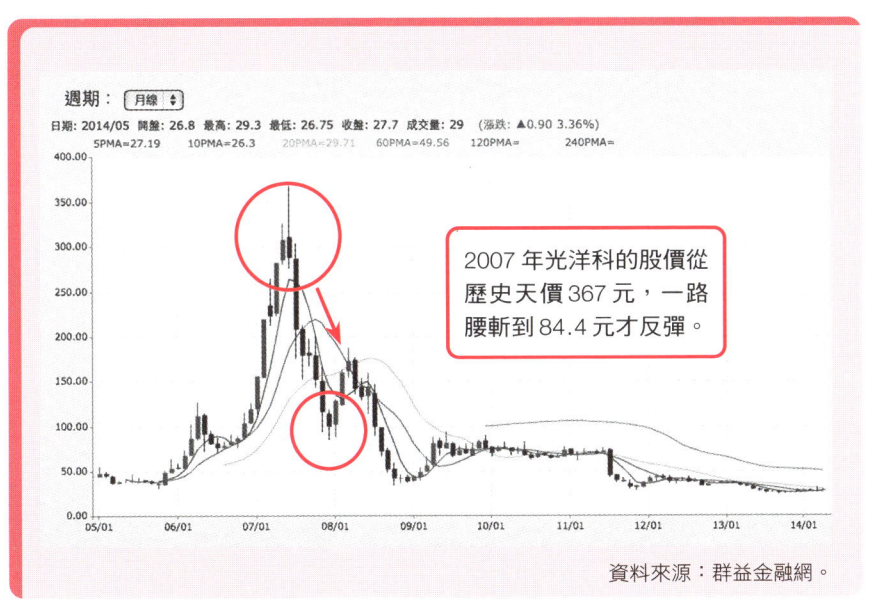

2007年光洋科的股價從歷史天價367元，一路腰斬到84.4元才反彈。

資料來源：群益金融網。

189

冠軍操盤人黃嘉斌獲利的口訣

「倒金字塔形」操作者最忌往下攤平

至於採「倒金字塔形」操作的人，本質上屬於短線交易員的性格，當成交量放大，市場越活絡，持有的股票數量就越多。國內的證券自營商與市場上的一些中實戶（投資額介於能左右行情的大戶與散戶之間的投資者），經常採用這種方式操作。

採用「倒金字塔形」的操作者，也有2點必須注意：

1. 以月均量作為判斷標準

月均量（20日均量）代表中期市場人氣，**若下滑**，表示市場人氣退散，此時**就該降低持股數量**。尤其是月均量跌破週均量（5日均量）時，意味著整個市場將進入萎縮，必須特別小心。

2. 不可以逢低買進攤平

「倒金字塔形」的操作方式最忌諱往下攤平，通常成交量大時，股價或指數也會位於相對高點，在持股同時位於高水位的情形下，一旦持股被套住，應該思考如何停損退場才是上策。

股市的不確定性，是投資人一定要做風險管理的原因，消極來說，也是避免投資人陷入不可收拾地步的方式。不過，從另一個角度思考，風險管理的積極意義，卻是讓我們能有餘裕的資金可以危機入市，贏在行情的起跑點上。不要忘了，**行情的開端往往都是從低潮中開啟。**

【圖表 5-7】「金字塔形」與「倒金字塔形」操作重點與持股比例的控管

類型	操作重點	持股比例控管
金字塔形	1. 確認總體趨勢的方向。 2. 預判股價最大可能回檔的幅度。	1. 以集中持股為宜。 2. 最多不超過10檔股票，一般而言，5檔持股不僅好照顧，也兼具分散風險作用。此外，1檔股票的持股比例，以2成為上限。
倒金字塔形	1. 以月均量作為判斷標準。 2. 不可以逢低買進攤平。	1. 以分散持股為宜。 2. 投資多檔股票，甚至可以超過十餘檔持股，不斷的汰弱留強，避免持股集中於單一個股上。

【黃嘉斌的獲利重點】

1. 若大盤長期趨勢往下，就算逢低承接，也只是越陷越深而已。
2. 對「金字塔形」操作者來說，確認趨勢最重要
3. 「倒金字塔形」操作者切勿往下攤平，一旦持股被套住，應停損退場。

冠軍操盤人黃嘉斌獲利的口訣

第三節
危機怎麼入市？
兩個關鍵決定

　　危機入市是許多投資專家的名言，但分辨那是怎樣的危機很重要。一般觀念上會以利空的規模大小作為研判的標準，譬如大利空影響趨勢，所以投資人避之唯恐不及；如果是小利空的話，就趕快趁危機入市。投資大師科斯托蘭尼，也曾用投資的背景因素來形容，他說**只要不是戰爭，基本上就是「偏多」的想法。**

　　危機的出現通常是一次轉折的機會，股價往上或往下都有可能，在研判上有 2 個重要關鍵：一個是嚴重性，另一個是時間性，這兩者之間則是互相影響。

區域性的災難，請貴國自求多福！

　　失火了怎麼辦？傻瓜！當然是快跑啊。天塌下來呢？那就沒關係，反正跑哪兒去都一樣，總會有長人先頂著。這是老祖宗的智慧之語，但還是得看要從哪個角度去解讀。

　　其實我個人也有過這樣的經驗，記得小時候住家對面的房子失火了，我就站在二樓陽臺上，看著對面的人家忙進忙出的救火，四周圍觀的群眾多過救火的消防隊員，至於緊鄰失火人家、開設西服店的鄰居，因擔心被波及，連忙將屋內值錢的西裝布料搬出來……

第五章：別人恐懼我貪婪，怎麼辦到？

這樣的場景說明了什麼？站在一邊袖手旁觀「看戲」的人遠超過救火者（消防隊員是基於職責所在）；其次，可能被波及的鄰居想到的不是伸出援手，而是自保（先搶救財物）。

若從資本市場的角度來看，何嘗不是如此？千萬不要以為有善心人士會伸出援手，畢竟國際間談的是實力、互利，再不然就是以自保為優先。

舉個例子，1971年8月曾發生一件金融大事，當時的美國總統理查‧尼克森（Richard Nixon），宣布美元貶值20%，同時暫停黃金兌換，用以阻止美國國際收支逆差和美元危機的惡化。但是這個舉動，也導致1944年簽定的「布列敦森林協議」（Bretton Woods Agreements）因此崩潰。

同年底，美國財政部長約翰‧康納利（John Connally）在召開的G10羅馬會議中為其政策辯護，竟脫口說出：「美元是我們的貨幣，但那是你們的問題。」（The dollar is our currency, but your problem.）這段話透露出美國以「利己」為最高原則的政策方向。

2013年12月19日美國宣布，縮減量化寬鬆的規模，由原先每月購債金額850億美元，減少100億美元。針對這個舉動，我的解讀是一方面顯示**美國經濟已確定邁向復甦，另一方面卻會對歐洲從2013年第4季才燃起的復甦力量，以及經濟依然在擺盪的新興市場國家，造成負面的影響**。因為美國縮減量化寬鬆後，將使得海外的美元回流，直接對其他國家造成衝擊。

2025年4月2日，美國總統川普宣布實施所謂的「對等關稅」，對全球金融市場造成重大衝擊。川普以「不對等貿易已危及國家安全」為由，揮下貿易制裁重刀。無論最終影響為何，或此舉

冠軍操盤人黃嘉斌獲利的口訣

> **投資學堂**
>
> ### 布列敦森林協議（Bretton Woods Agreements）
>
> 1944 年，44 個國家的代表在美國新罕布希爾州的「布列敦森林」，召開聯合國和盟國貨幣金融會議，稱為「布列敦森林會議」，還成立了國際貨幣基金組織（International Monetary Fund，簡稱 IMF）和世界銀行（World Bank），保障國際貨幣體系的穩定，以及促進會員國的經濟繁榮。
>
> 此外，會議也建立了以美元和黃金掛鉤與固定匯率的制度，也就是以美元為中心，美國必須保證美元會按照官價兌換黃金，維持會員國對美元的信心，同時提供足夠的美元作為國際清償的手段，進而結束長期以來混亂的國際金融秩序。

是否真為維護國安所必須，唯一可以確定的是，美國再次以本國利益為最高原則的立場已獲驗證。換言之，川普政府正試圖改寫既有國際貿易的遊戲規則，打造一套以美國利益為核心的「新常態」，這一趨勢幾乎已無可逆轉。在這樣的國際現實下，我們必須清楚認知：在當前規則下，尋求「美國隊長」出手協助，是有其代價的。

全球性的金融危機，美國隊長會來拯救

再舉另一個例子，美國達拉斯聯邦準備銀行（Federal Reserve Bank of Dallas）總裁理查・費雪（Richard Fisher），為了捍衛美國央行自海外收回資金的政策行動，曾在演說中表示：「有些人以為

第五章：別人恐懼我貪婪，怎麼辦到？

> **投資學堂**
>
> ### 量化寬鬆是什麼？
>
> 簡單來說，「量」意味著貨幣供給，「寬鬆」就是很多的意思。
>
> 美元是世界儲備貨幣，世界主要商品的定價都是以美元作為基準，若是美國實施量化寬鬆政策，將會導致美元大幅貶值，有利於美國的出口業，但是也導致相關經濟體的貨幣升值。其他經濟體為了阻止本國貨幣相對於美元升值，衝擊本國的出口業或經濟，也競相仿效美國，實施量化寬鬆政策，卻進一步加劇了通膨壓力。

我們是全球的央行，所以應該推行全球的政策，但其實我們是美國的央行。」

理查·費雪這段話就跟約翰·康納利所說的如出一轍，也在在證明了美國一貫的中心思想，是以自身利益為主。我們千萬不要被好萊塢電影中，將美國塑造成維護世界和平的警察角色所矇騙。請記住，**美國只有在危及自身利益時，才會高舉救世大旗**。

事實上，1997年發生亞洲金融風暴時，歐美外資將大量資金匯出，光是私人資本就流出高達1,000億美元，讓亞洲地區的經濟雪上加霜。甚至國際炒家喬治·索羅斯（George Soros）也趁機放空泰銖，引發泰國空前危機。

當時南韓也發生金融風暴，最後向國際貨幣基金組織（IMF）求援後，才暫時控制住局面。記得當時也不見歐美國家對亞洲地區

冠軍操盤人黃嘉斌獲利的口訣

伸出援手，還落井下石，所以「失火時，大家先求自保」，從這裡再次得到印證。

至於當事件發生的影響不是區域性，而是具有普遍性時，就好像「天塌下來一般」，這時候狀況就不同了。只要風暴已經波及全球，美國必然會挺身而出，原因不在於她要扮演救世主的角色，而是她自身也面臨存亡的關頭。

以2008年的金融海嘯為例，發生之初從美國本土的房利美、房地美的次貸違約開始，當時在美國政府極力挽救下幾乎就要解決了，不料接著爆發雷曼兄弟（Lehman Brothers Holdings Inc.）的連動債違約。美國政府本以為持有雷曼連動債的大多為亞洲國家，對於美國本土債權影響不大，無意去承擔這樣的責任，於是決定放棄拯救雷曼兄弟並任其倒閉，結果沒想到延燒成全球性的金融危機。

就是這把火回燒到歐美本土，才會有後續由美國主導、與全球央行一起攜手救市的行動。若是這宗禍起歐美的金融事件，受創中心侷限於亞洲地區的話，想必歐美國家一定又是隔岸觀火、置身事外，倒楣的只會是亞洲各國。

所以投資股市、面臨重大事件的衝擊時，懂得研判是區域性的火災，還是無人可倖免的災難真的很重要，千萬不要只為了展現危機入市的魄力，結果變成飛蛾撲火般自取滅亡。

另外不可否認的是，美國在全球仍居於重要地位，特別是對臺灣仍具有相當大的影響力。記得1995年至1996年間（見右頁圖表5-8），中國為了嚇阻並試圖干涉中華民國第一次的全民直選總統，於是在臺灣外海試射飛彈，同時舉行兩棲登陸作戰演習，臺海情勢十分緊繃。當時，美國就緊急調動兩艘航空母艦作戰群前往應對，

第五章：別人恐懼我貪婪，怎麼辦到？

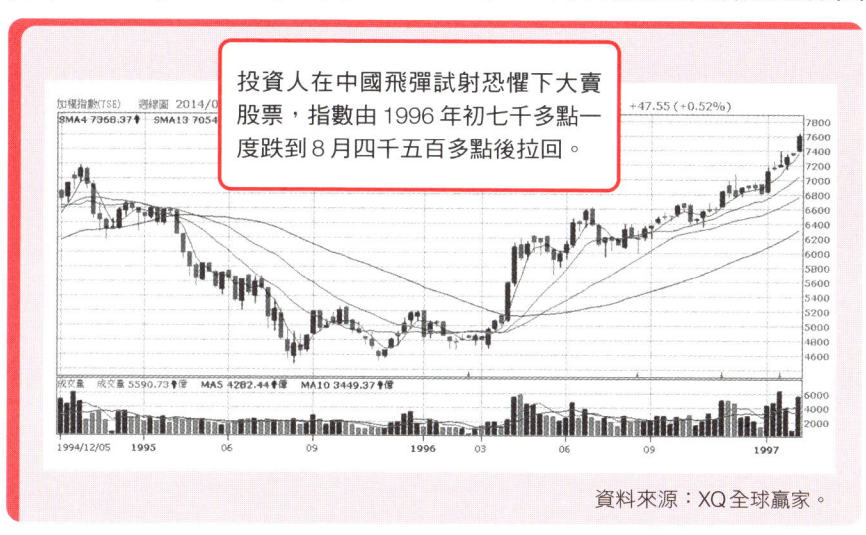

【圖表5-8】1995年1月至1996年12月台股加權指數週線圖

> 投資人在中國飛彈試射恐懼下大賣股票，指數由1996年初七千多點一度跌到8月四千五百多點後拉回。

資料來源：XQ全球贏家。

所以我認為只要事件會危及美國利益，就無須過於擔憂了。

危機入市的時點到了沒？從政策來判定

　　至於**轉折時間的判定**，就比較困難了。一般來說，我會建議**先認清問題的本質，再觀察主管機關是否已提出足以解決的關鍵措施，其次則是研判指數是否已進入超跌區**。

　　舉例來說，在次貸風暴下，美國宣示絕不會讓房利美與房地美倒閉，所以台股回測至7,000點已達滿足點，只是接續而來的雷曼兄弟連動債違約，讓美國政府大受打擊，台股也再度重挫。

　　這是因為原有的措施仍不足以解決問題，直到「全球央行聯合救市」行動展開，才出現曙光，也避免了各國單獨行動後所引發的

冠軍操盤人黃嘉斌獲利的口訣

匯率貶值競賽。

還記得那天是星期五下午,我走在臺北市的八德路上,正思考著未來台股盤勢的變化,忽然從廣播中聽到「全球央行聯合救市」的行動,當下就斷定危機入市的時點到了。

總之,失火了,當然要快跑,就算火災被滅了,只怕值錢的東西也已所剩不多。假若天塌下來呢?放心,自然有長人先頂著,就好好把握這次財富重新分配的大好時機吧!

【黃嘉斌的獲利重點】

1. 研判危機的兩個關鍵:一是嚴重性,另一則是時間性。
2. 若風暴已經波及全球,美國必然會挺身而出。

第四節
股市循環末升段，處處是魔鬼的誘惑

一直以來，台股都有循環的特性，循環有大有小，循環本身和經濟景氣的變化有著緊密的關係，這已經在許多實證研究中得到正相關的結果。有趣的是，一次完整的大循環裡，大致上會出現 5 個上升波和 3 個下降波，3 個下降波是作為前 5 個上升波的修正，如此構成 8 個波的完整循環。這種股市的基本型態，是由美國經濟學家拉爾夫・艾略特在其 1938 年的著作，以及 1939 年一系列的文章中所提出，也是我們現在經常聽到的「波浪理論」（Wave Principle，見下頁圖表 5-9）。

進一步來說，波浪理論中的 5 個上升波，就是所謂的初升段、主升段、末升段，其中主升段的上漲幅度規模最大，末升段的行情最為凶險。而初升段的開始，絕大多數的投資人都不太參與，因為這個階段行情的發軔，經濟環境不好，投資氣氛悲觀，市場僅倚賴政府官員不斷釋出利多，或發出信心喊話來推動行情起步。

末升段最瘋狂，每天都有強勢股輪番出動

一般來說，初升段即參與，那是投資高手及掌握內線者才敢毅然決然做的事情。主升段則是皆大歡喜的好行情，景氣好、人人口

冠軍操盤人黃嘉斌獲利的口訣

【圖表5-9】波浪理論的基本型態

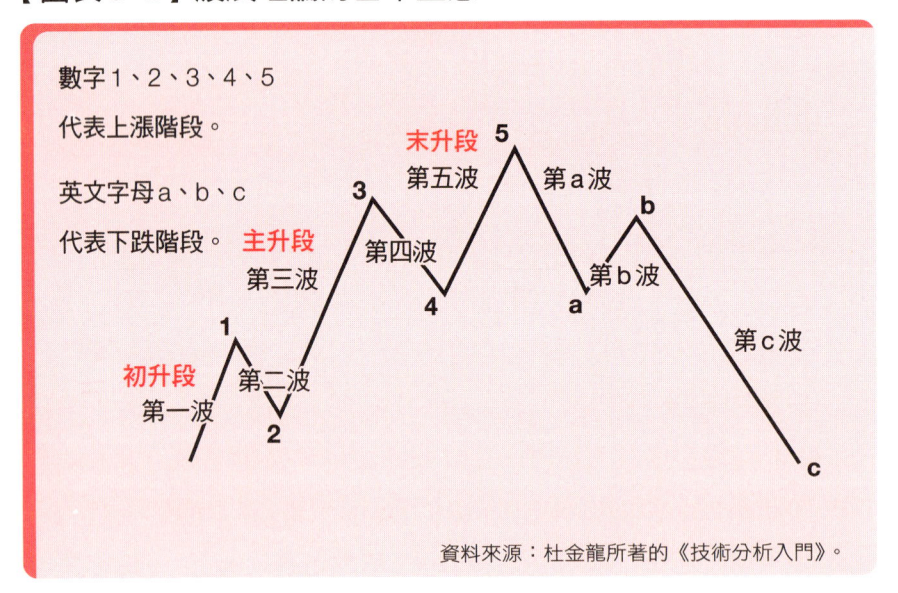

數字1、2、3、4、5代表上漲階段。
英文字母a、b、c代表下跌階段。

初升段 第一波
第二波
主升段 第三波
第四波
末升段 第五波
第a波
第b波
第c波

資料來源：杜金龍所著的《技術分析入門》。

袋裡有錢，投資信心高漲，人氣暢旺，股市漲幅最大，格局規模也最大。

但是到了末升段就截然不同，投資氛圍變得瘋狂，基本面與股價之間似是而非，甚至出現背離現象。景氣盛極而衰後，政府嘗試扮演救世主的角色，釋出資金救市，意圖推升股價，卻缺乏堅實的基本面支撐。市場上充滿貪婪的氛圍，短線客橫行，每天都有不同的強勢股出現。等到資金開始不斷被抽離（當莊家的政府要收交易稅），人氣逐漸散去，直到支撐不住市場的重量，接著就是走向崩盤一途。

事實上，景氣過熱後降溫，經濟成長趨緩，是極為正常且健康的走向。過熱現象越久，休息時間自然需要越長，但是政府基於

第五章：別人恐懼我貪婪，怎麼辦到？

各種考量（選舉、績效、民意等），往往會採行積極擴張的貨幣政策，比如降息或是寬鬆資金，將錢撒入股市中。這些資金一定可以發揮短期的效果，尤其在敏感性高的股市反應會更激烈。只是**當股市來到相對高檔的位置區，縱使有各項政策利多加持，經濟基本面也難以跟上、作為支撐**。於是，當資金效果逐漸鈍化後，股市便只有下跌一途。

至於為什麼說末升段最險惡？那是因為投資人剛經歷過一波主升段的大行情，**行情走得既大且久，這會改變一個人的投資慣性**。由於過去逢回買進都沒錯，股價之後還會再創新高，加上每天盤面上都有許多標的在活蹦亂跳，所以投資人非常容易陷入「溫水煮青蛙」（見第三章第五節）的情境中，等到發現水太燙時，就已來不及了。

對於行情到底結束與否，許多投資專家早已提出各項指標及現象，作為研判的依據。例如市場普遍看好、人氣沸騰、股民們瘋狂搶進等，是空頭市場即將來臨的先兆；或是利多消息傳出，股價不漲反跌，市場不斷傳來壞消息，行情呈現兵敗如山倒的現象；法人機構、大戶紛紛大量出貨，即將除權息的股票卻毫無表現；技術上6日RSI（Relative Strength Index，即相對強弱指標）介於20至50間、技術線型顯示一底比一底低、6週均線由上向下跌破13週均線（死亡交叉）等，這些都是空頭行情的表徵，但是在實務上卻對投資人幫助不大。

其實，要避開末升段魔鬼的誘惑，就要做好兩件事：一是認清魔鬼的特徵；二則是學習專家（贏家）如何打擊魔鬼。

冠軍操盤人黃嘉斌獲利的口訣

指數反彈到跌幅的 2/3 以上時，準備逃命

末升段最重要的推動力，不在於強勢的基本面，而是資金。在末升段的上漲過程中，基本面並沒有太多令人驚豔之處，只是不斷的調升本益比，或是傳出公司派要拉抬股價等耳語。

再者，當**指數反彈到跌幅的 2/3 以上時，一定要特別小心，因為市場會刻意營造指數將再創新高的氣氛**。此時最重要的是，檢視未來幾季的 GDP 是否還能逐季成長，以及國發會公布的領先指標到頂了沒，如果不能同步向上，那麼市場喊出「萬點不是夢」，或是「指數上看一萬五」等，就是魔鬼在向你招手，千萬不要掉落陷阱裡。

在末升段中，只要成交量還能維持不墜，風險仍有限，即使存在著泡沫，也可以維持相當長的時間。因此，**操作上千萬不要因為認定有泡沫就輕易「作空」，畢竟各國的交易制度設計都是不利於空方**，而是偏好多方操作的，作空的時間壓力與股東會的強制回補，就經常上演「軋空秀」。

末升段既然是錢堆出來的行情，只要出現人氣退散、追價無力，儘管價格仍然持穩，就是最重要的警訊。維持價格不墜是種假象，也是一種恐怖平衡，只要市場有人開出第一槍，接踵而來的就會是崩跌式的多頭互踩。其實，無論是初升段、主升段或末升段的結束，當這種現象出現時都是一大警訊。

記得 2007 年 10 月 30 日，台股加權指數創下 9,854.27 點的高點後拉回修正，接著因馬英九當選總統而開啟一波反彈，指數反彈到 2008 年 5 月 20 日的 9,309.95 點，市場信心滿滿，認為兩岸關係

第五章：別人恐懼我貪婪，怎麼辦到？

將會有所改善，臺灣會出現政治紅利，大盤將會上看10,000點或更高等。結果，台股卻一路向下修正，直到七千多點才短暫止穩（見圖表5-10）。在末升段投資是很容易失敗的，失敗的末升段就叫做「右肩」或是「逃命波」，逃命波是股市贏家沒能在主升段出清持股時，不疾不徐的等待末升段開啟後清倉逃命用的。

就贏家的想法，末升段的意義不在於能賺到多少錢，而是一次出清持股、落袋為安的機會。成功的第五波漲升叫做末升段，失敗的話（未能創新高）則變成逃命波。不管末升段是成功或失敗的型態，贏家還是以賣股為最高指導原則，因為對這些長期投資專家而

【圖表5-10】台股加權指數月線圖

2007年10月底，台股加權指數創下9,854.27點的高點後拉回修正，接著指數反彈到2008年5月20日的9,309.95點，但是後繼無力，之後一路向下修正到七千多點才短暫止穩。

資料來源：YAHOO!奇摩股市。

冠軍操盤人黃嘉斌獲利的口訣

言,早在主升段行情的過程中,就已經決定了整個波段的獲利,末升段不過是收尾的動作罷了。

【黃嘉斌的獲利重點】

1. 股市末升段的行情很瘋狂,短線客盡出,每天都有不同的強勢股出現。
2. 當指數反彈到跌幅的 2/3 以上時,記得檢視未來幾季的 GDP 是否還能逐季成長,千萬不要掉落陷阱裡。
3. 末升段是錢堆出來的行情,只要人氣退散、追價無力,就是警訊。

第五章：別人恐懼我貪婪，怎麼辦到？

第五節
焦慮或沮喪，只能允許 30 分鐘

2014 年 4 月底，太陽花學運剛落幕，核四議題接踵而來。市場耳語說前次民進黨執政時宣布停建核四，導致股市下跌了一千八百餘點（時任總統馬英九與民進黨主席蘇貞昌會談時提及），成為空頭狙擊台股的主要理由。

接著，就在空頭氛圍甚囂塵上之際，主管機關為了遏止中小型股炒作的歪風，祭出「力旺條款」，以加大對個股的警示力度。同一時間，又遇上美國放空機構「格勞克斯」（Glaucus）出具對 F-再生（1337，已改名為再生-KY）投資價值為零的賣出報告，造成具有陸資色彩的 F 股全面跌停。（詳見下頁說明）

不只如此，為了選舉討好選民、高舉居住正義的打房大旗再現，時任臺北市副市長張金鶚宣示，要讓臺北市房價在 2 年之內下跌 3 成……。

上述這些利空同時夾擊，儼然就是股市的完美風暴成形。果然，台股加權指數在 2014 年 4 月 25 日重挫 171 點，寫下 2012 年來的第 3 大跌幅。記得在當日的震撼教育下，剎時天昏地暗，我的頭真的都被震暈了，甚至有些慌了手腳。

不過，大約 5 分鐘後，我想起自己曾在 2008 年出版的書中寫下一段話：「要學習如何把焦慮與沮喪縮短到一天或半天，甚至 30

冠軍操盤人黃嘉斌獲利的口訣

投資學堂

力旺條款與格勞克斯事件

　　矽智財（指積體電路設計所涉及的智慧財產權）大廠力旺（3529），在法人看好國內嵌入式非揮發性記憶體，及在行動裝置與物聯網的滲透率將逐步增加下，造成股價一路飆高。外資巴克萊（Barclays）更在2014年5月20日出具報告，將力旺的目標價調高至750元，較市價高出兩倍多，引發議論。

　　至於F-再生（1337），則是受到美商格勞克斯研究機構分別在2014年4月24日、4月28日及5月1日發布報告，指稱F-再生有關在中國福建購地擴廠及江蘇購地誇大資本支出、政府稅收紀錄則顯示該公司誇大利潤等，因此將F-再生的目標價調降至0元，也導致該公司股價重挫，投資人蒙受損失。

　　為避免讓類似力旺或F-再生事件重演，櫃買中心已主動調查是否有人為刻意炒作或放空等情事，對力旺採取連續警示及20分鐘撮合一次的分盤交易，甚至連當時的金管會主委曾銘宗都要求跨海向格勞克斯提告，希望能保障投資人的權益。

公司名稱	股票代號	日線圖
力旺	3529	

第五章：別人恐懼我貪婪，怎麼辦到？

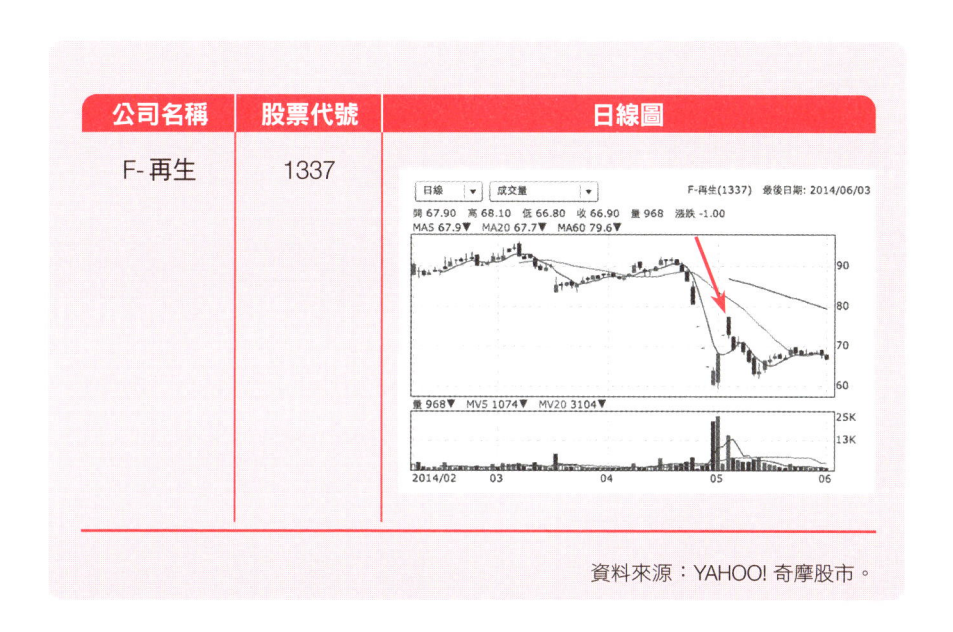

公司名稱	股票代號	日線圖
F-再生	1337	

資料來源：YAHOO! 奇摩股市。

分鐘的時間，就可以恢復看盤。」這是入行二十多年淬鍊的心得並與讀者分享，此時此刻自己怎麼可以深陷焦慮中，於是立刻回神，冷靜思考關於這個盤勢的因應對策。

思索因應對策可分為幾個層次進行。首先，回歸到年初時對於這個大盤的行情特質假設是否已改變，當時我研判**要「選股不選市」，認定大盤指數會在狹幅的區間行進，個股輪動會激烈進行**，不過，系統風險導致指數崩跌的機會不大，因為經濟基本面的表現優於前一年度。

雖有火花，但不會延燒到基本面

接著，繼續研判發生事件的本質。回顧民進黨執政時期宣布

冠軍操盤人黃嘉斌獲利的口訣

核四停建的時空背景,與此時截然不同,當時總體經濟屬於下行階段,核四議題的延燒只是一個催化劑,讓當時本來就不好的基本面雪上加霜。然而2014年全球經濟的基本面卻是逐漸好轉中,只是復甦力道不太強勁。

至於政府祭出的「力旺條款」,從中長期的角度來看,是為了導正投機炒作的歪風,並無不妥之處,市場解讀為主管機關心態偏空,應該是過度聯想。而F-再生的衝擊,基本上會被侷限在相關族群裡,這把火還不至於會造成全面性的影響。

此外,政府喊打房已經喊了很多次,2年內達到3成跌幅的打房口號,就當作是為了選票的選舉語言吧!別忘了,剛度過的金融海嘯就是導因於房市崩跌,所以政府再怎麼不智,也不至於愚蠢至此。事實上,後續有些財經官員也已經站出來緩頰了。

從上述分析可以得知,這場茶壺內的風暴應該說是看見了火花,但是缺乏延燒的條件,就算不去滅火,也燒不起來。從基本面的分析著眼,這次反而提供了一次搶短的機會。

指數跌破季線後,開始彈升

再從技術性的角度來看,當大盤指數重挫171點,來到8,774點的位置,計算一下從9,022點(2014年4月23日)的高點,一共下跌了245點,而這次的上漲從年初的起漲點8,230點(2014年2月5日)到9,022點,一共上漲了792點,用黃金分割率計算回檔滿足點,分別為0.382的8,718點、1/2的8,626點,及多空分界0.618位置的8,532點,加上季線就在8,696點的位置,因此我當下

研判，次日即有機會在指數跌破季線後開始彈升。

得到分析結果後，我便在LINE上向朋友分享心得說：「這次是茶壺內的風暴，不會有美國隊長來救的，不過現在只是在冒煙，還沒有起火，所以要做好逃命的準備，就是殺短線股、弱勢股，轉進強勢股，至於轉進原則是賣100、買20。」

最後不忘補上一句：「指數第一個支撐在8,719點，那裡接近季線且為大量區，也是回檔0.382的位置，記得『帶上手套，準備接刀』──搶反彈！」

的確，隔日大盤指數低點來到8,671點，小破季線，但收盤回到8,809點位置，經過幾天來回波動震盪，確認了季線為有效支撐，行情持續在原有的軌道上進行，並沒有因為這次的多項利空集合下而有所改變。那麼應該如何搶反彈、選標的？簡單來說，既然**原有趨勢未變，就可以從原主流中挑選走勢最強者來增加持股**。只是得留意，這次回檔很有可能會使部分次主流股的資金轉向，所以趁勢調整持股內容很重要。

調整持股比重，強勢股領先反彈

這一次，我在30分鐘內調整投資情緒，確認決策方向，以及接下來幾天完成一次成功的持股轉換與搶反彈，算是一次小型的危機入市。這次投資決策的執行，除了調整持股比重是重點，個股同步移轉更是績效好壞的關鍵。

因為2014年行情的特色就是「選股不選市」，所以持股高低對績效的影響遠不及正確選股。一次的**修正往往表示新類股的轉換**，

冠軍操盤人黃嘉斌獲利的口訣

而且**下跌後的反彈，經常是強勢股領先演出，弱勢股的彈幅較小**，所以將先前為了搶短的持股與股價表現相對弱勢的股票賣出，並且保留強勢股，這是很重要的執行動作。

一般投資人通常會因為股價跌太多、賠太多而捨不得賣出，但為了降低持股，反而賣掉還有賺錢或者僅小賠的股票，這是很錯誤的舉動，卻也是最常犯的操作謬誤。

長期參與股市的投資人，面對上述情況應該不陌生，不管個人或是法人的投資績效，彼此的差異就在於面臨重大事件與轉折時的處置方式。平心而論，這確實有點困難，甚至當下我也曾一度迷惑，幸好很快的調整過來。

而在調整部位時，我也是先亂了步伐，將弱勢股、強勢股全部出清，待冷靜過後，才發現自己賣股賣到「殺紅了眼」！之後再反手將錯殺的股票，用高於賣出的價格買回來，雖然整體持股部位低於先前，但是經過調整後，獲利數字反而很快的超前。

投資很難不犯錯，關鍵在於不要忘記複製成功的方法，這也是我在先前文章中強調的：「複製成功，比記取教訓有用。」（見第三章第三節）記得一支電視廣告是這樣說的：「當身體裡面的好菌多了，壞菌自然就會減少。」一位成功的投資人、操盤人，也應該將操作策略去蕪存菁。

至於 2025 年的川普關稅之亂後又該如何因應？又回到我喜歡的《雙城記》開場白──「這是最好的時代，也是最壞的時代。」機會是留給準備好的人，現在就開始做功課選股，找出下一波勝出的區域、國家、產業、公司。那麼這次的財富重分配，錢自然會流向那些早就準備好、下過功夫的人──也就是你。

第五章：別人恐懼我貪婪，怎麼辦到？

【黃嘉斌的獲利重點】

1. 修正往往表示新類股的轉換，下跌後的反彈，經常是強勢股領先演出，弱勢股的彈幅較小。
2. 茶壺內的風暴，美國隊長不會來救，所以要殺短線股、弱勢股，轉進強勢股，轉進原則是賣100、買20。

冠軍操盤人黃嘉斌獲利的口訣

第六節
一籃子股票不等於穩賺不賠

　　根據投信投顧公會的資料，截至 2025 年 1 月底，上市 ETF 檔數已達 191 檔，總規模高達新臺幣 6.47 兆元，其中台股 ETF 占 42.6%，規模達 2.76 兆元，且這些 ETF 多為被動式（按：複製追蹤特定指數的表現，以取得與指數相同的報酬）。

　　然而，從 2025 年起，主動式 ETF（按：透過經理人的專業操作，力求超越市場或特定指數的績效，追求超額報酬）逐漸興起，吸引了包括野村資產管理、聯博資產管理等國際資產管理公司申請進入市場，預計到 2025 年底，主動式 ETF 市場規模可望突破新臺幣 2,000 億元。若對照 2025 年 5 月 29 日台股市值 68.7 兆元，主動式 ETF 的影響力已躍升為第二大市場參與力量，僅次於外資持有的 30.03 兆元市值。

穩定收益不等於低風險

　　自 2021 年起，ETF 熱潮迅速升溫，以「穩定收益」為主要訴求，深受投資人的青睞。然而，隨著 ETF 市場快速擴張，又搭上股票市場正逢多頭，讓許多投資人忽略其中潛藏的風險，甚至誤以為「穩定收益」就是安全的保證。

　　雖然 ETF 確實具備分散風險的特性，被動式的操作模式也可

第五章：別人恐懼我貪婪，怎麼辦到？

規避過往曾被訴病的基金經理人操守問題，但這並不代表ETF能夠「持續」提供穩定的收益。不要忘了，ETF本身就是一種基金，說穿了就是持有「一籃子不同類型股票」的基金，只是選擇的標的必須嚴格依照契約上的規定，並非由基金經理人自由決定，這雖可提升透明度與紀律性，但也犧牲了操作上的彈性。

不同屬性的ETF，其投資標的與過去一度流行的類股基金相似，例如高科技基金、生技基金、銀行類基金……差異只在被動式ETF盯緊的是類股指數（如產業型的富邦台灣半導體〔00892〕），或者加權指數（如市值型的元大台灣50〔0050〕）。

從這個角度來看，台股ETF與台股基金的差異，除了由人為操

【圖表5-11】富邦台灣半導體（00892）月線圖

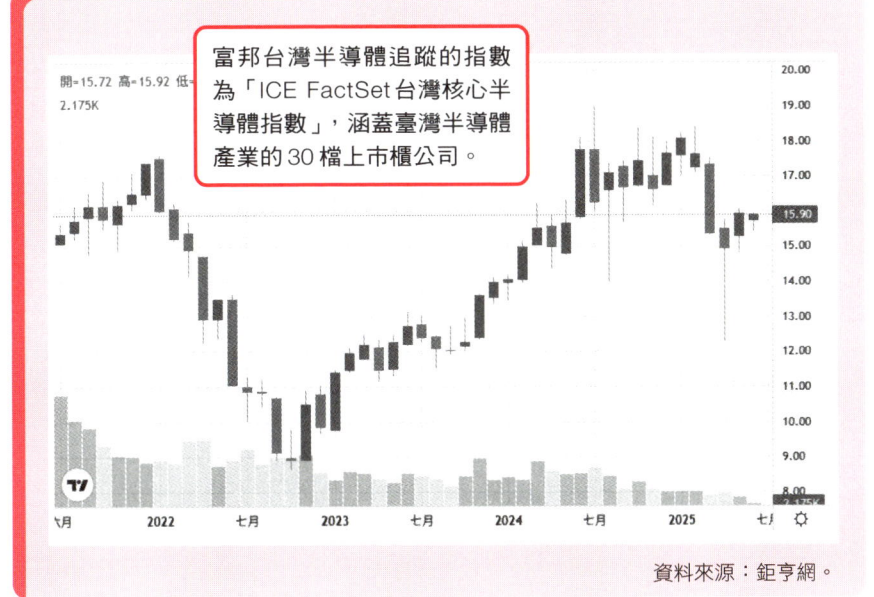

> 富邦台灣半導體追蹤的指數為「ICE FactSet台灣核心半導體指數」，涵蓋臺灣半導體產業的30檔上市櫃公司。

資料來源：鉅亨網。

213

冠軍操盤人黃嘉斌獲利的口訣

【圖表 5-12】富邦台灣半導體（00892）ETF 前十大持股

公司名稱	股票代號	比例
台積電	2330	25.31%
力旺	3529	6.13%
日月光控股	3711	5.94%
聯詠	3034	5.89%
瑞昱	2379	5.87%
聯電	2303	5.77%
聯發科	2454	5.58%
信驊	5274	5.41%
創意	3443	5.17%
旺矽	6223	3.20%

資料時間：2025 年 4 月 1 日，資料來源：YAHOO! 奇摩股市。

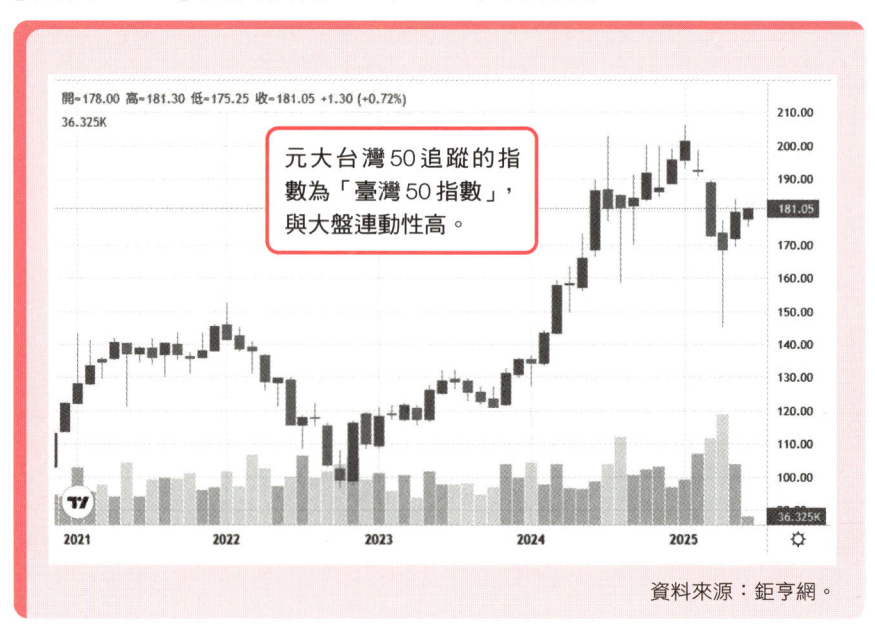

【圖表 5-13】元大台灣 50（0050）月線圖

元大台灣 50 追蹤的指數為「臺灣 50 指數」，與大盤連動性高。

資料來源：鉅亨網。

第五章：別人恐懼我貪婪，怎麼辦到？

【圖表 5-14】元大台灣 50（0050）ETF 前十大持股

公司名稱	股票代號	比例
台積電	2330	56.12%
聯發科	2454	5.14%
鴻海	2317	4.33%
台達電	2308	1.85%
富邦金	2881	1.76%
中信金	2891	1.65%
廣達	2382	1.63%
國泰金	2882	1.38%
聯電	2303	1.37%
中華電	2412	1.26%

資料時間：2025 年 4 月 1 日，資料來源：YAHOO! 奇摩股市。

作與機器（程式）操作差異之外，實在看不出 ETF 有何條件跌價風險較低！

而主管機關當初進一步開放主動式 ETF，其原意在於可及時調整成分股，避免被動式 ETF 只能在特定時點（如每季、半年、年）進行一次性調整，導致當日淨值可能出現劇烈波動。這與過往基金經理人可隨時調整投資標的，甚至追高殺低的本質有何不同？目前許多主動式 ETF 的成分股調整，主要依賴程式或演算法進行判斷，而這些演算法的設計邏輯，往往傾向於追逐市場的強勢股，投資風格亦趨向積極，風險自然也隨之上升。

在我的觀察中，儘管 ETF 是舊瓶新裝，但不可否認，它確實是成功包裝了「基金」這項金融商品，並成功擄獲了投資人的心。更

冠軍操盤人黃嘉斌獲利的口訣

重要的是,**它改變了投資人過往申購基金只願意短線持有的心態**。從宏觀的角度而言,只要經濟長期成長的方向不變,長期持有穩健的公司都會是贏家。但持有ETF並沒有降低風險,願意長期持有才是基金公司與投資人雙贏的原因。

後記
股市非零和，人人都能賺大錢

最近看到兩則相當有意思的小故事，有趣的不僅是故事的本身，還有故事結尾的評論，更值得省思。

【故事一】

有一位商人到了一個村莊，村子周圍的山上滿滿的全是猴子。

商人就和村子裡的農民說：「我要買猴子，100元一隻。」

農民不知道商人說的是真或假，便試著抓來一隻猴子，商人依約給他100元。

消息傳開後，全村的人都跑去抓猴子，因為抓猴子的報酬比種田來得划算許多。

很快的，商人買了兩千多隻猴子，此時山上的猴子變得很少。

於是商人又出價了，要以每隻200元的價格買猴子。村民見價格翻倍，便紛紛跑上山去抓猴子，商人又買下了，但是猴子已經很難抓到了。

這時候商人又出價，要以每隻300元的價格買猴子，只是村民幾乎都快要抓不到猴子了。

最後，商人出價到500元一隻，可是山上已經沒有猴子的蹤影了，因為3,000隻猴子都在商人這裡。

冠軍操盤人黃嘉斌獲利的口訣

這天，商人有事先回城裡。

商人的助手就到村子裡向村民說：「我用每隻猴子300元的價格賣給你們，等商人回來後，你們再用每隻500元的價格賣給他，這樣你們就發財了！」

村民們一聽，像發瘋似的，把家裡的鍋子砸了去賣鐵湊錢，然後把3,000隻猴子全部買了回去。

但是助手悄悄的帶著錢走了，而商人也沒有再回來。

村民等了很久很久，原本他們還堅信商人會再回到村子裡，用每隻500元的價格買回猴子。

不久後，終於有人等不及了，因為猴子還要吃香蕉，養猴子可是要花錢的，村民們哪受得了，於是就把猴子放回山上，山上又回到當初到處可見猴子的景況。

有人說，這就是傳說中的股市、房市、信託、黃金市場，也賦與「最精闢解讀」的評價。真的是這樣嗎？若是如此，資本市場不就是聰明人加上政府一起設計出來的賭局？或者說是騙局來得更加貼切？

【故事二】

這是一個炎熱小鎮平凡的一天。太陽高高掛，街道上空無一人，每個人都債臺高築，靠信用度日。

這時，從外地來了一位有錢的旅客。他進入一家旅館後，掏出一張1,000元紙鈔，放在櫃檯上，然後跟店主說想先看看房間，再挑一間合適的來過夜。

後記：股市非零和，人人都能賺大錢

　　就在旅客上樓的時候，店主抓起這張 1,000 元紙鈔，跑到隔壁屠戶那裡支付了他之前積欠的肉錢。

　　屠戶有了 1,000 元，急忙過馬路去付清向豬農買豬的本錢。

　　豬農拿起這 1,000 元，跑去支付他所欠下的飼料款。

　　那個賣飼料的老兄，拿到 1,000 元後，也趕忙去付清他前幾天的召妓費（經濟不景氣，就連特種行業也不得不提供信用服務）。

　　妓女有了 1,000 元，立刻衝到旅館，付了她所欠的房錢。

　　旅館店主拿到這 1,000 元，急忙將它放到櫃檯上，以免旅客下樓時起疑。

　　就在這時候，旅客正下樓來，聲稱沒有一間令他滿意的房間，於是把錢收回口袋裡，走了。

　　這一天，沒有人生產了什麼東西，也沒有人得到什麼東西，可是全鎮居民的債務都付清了，大家都很開心。

　　這個故事告訴了我們什麼道理？

　　有人的答案是：現金要流通才能產生價值，而經濟永遠存在著炒作。

　　是嗎？我倒不是這樣解讀的。

　　在「故事一」中，如果將時間拉長，當村民抓了 2,000 隻猴子，將其中的 1,000 隻賣給商人，然後剩下的 1,000 隻猴子經過一年後又生了 500 隻猴子，再以更高的價格賣給商人，那麼這個故事的結局恐怕又要改寫了。

　　股市的本質並非「零和遊戲」，即指有人賺錢，就一定有人賠

冠軍操盤人黃嘉斌獲利的口訣

錢，那是期貨市場才是如此。只不過，若將時間侷限在很小的範圍，不考慮企業具備創造價值的功能，而形成一個封閉的經濟體系，那麼有心人買進商品囤積後，在供給減少的情況下，價格自然會上漲。再利用資訊不對等的時間落差，將囤積商品瞬間出售、獲利了結，如果是這種情況，當然就是零和遊戲，甚至是一場操弄資訊的騙局。

股市中本來就存在著長線投資人與著重短線操作的交易員，只是我向來服膺的德國證券界教父科斯托蘭尼也說過：「長期投資者通常都是最後的贏家。」在零和遊戲的場子裡，不僅將投資複雜化，也使市場充滿著投機氛圍。如果你是一個德州撲克的玩家或是橋牌高手，零和遊戲確實是你的場子，否則我衷心的建議你在股市操作中，至少要做波段性的投資。

此外，基本面了解得越多，決策思維越縝密，就能獲致越大的成功。千萬不要相信因想太多而錯失投資先機這類的說法，真正錯失的關鍵不是想太多，而是沒有事先做功課，所以想不通、搞不清楚。孔子早就說過：「思而不學則殆。」所以沒有做功課，光是在那裡空想，是不會產生正確想法的。

時間，本身就會產生價值

在前述「故事二」裡，現金的流動確實會產生價值，然而更重要的是，時間本身便可能產生價值。產業界經常出現「黑字倒閉」的案例，就是指公司在財務報表上雖然沒有赤字出現，卻因現金流量不足，導致一時周轉不靈、面臨倒閉。事實上，我們在股市投資

後記：股市非零和，人人都能賺大錢

的操作上，也經常發生這種情形，就是呈現未來價值與現值之間的高度落差，因此對於未來價值的評估，成為維繫整個資本市場與信用市場的核心。

臺灣的證券市場在歷經這麼多年的發展後，投資人對於股市的評估、價值的認定等，都有相當程度的理解，但是對於某些事件需要更深層的思維，卻較少有人提及或討論。尤其值此資訊爆炸的時代，過多的資訊內容似是而非、真假難辨，再加上市場交易的速度變快，更難讓人靜下心來做理性的判斷，因此如何建立正確的操作思維與邏輯，就更顯重要了。

2008年金融海嘯期間，我完成了《基本面選股》（財信出版，2012年增訂版）這本書，提出一套值得投資人學習、且必須明白的基本知識，特別是最後一篇的危機處理，更是投資人必須建立的觀念。接著2022年著作《台股大循環操作術》（大是文化出版）一書，對於加權指數的階段性研判，以及如何採行投資策略等作為論述的重心。

至於《冠軍操盤人黃嘉斌獲利的口訣》這本書，是我將自己逾30年來的投資心法，分類成五章共26篇逐一討論，並且透過實際案例分析，加深讀者印象，希望能幫助投資人在面對股市爾虞我詐的情境時，可以安然度過、不落入陷阱中。

更重要的是，我希望能藉此鼓勵投資人在實務操作時，能多做研究、多思考，最後再下決策。

例如，透過基本面選股，可以做好危機處理的工作，便能安然度過金融海嘯；依循台股的大循環操作，即使錯過2009年的大行情，在2010年台股7,000點的底部進場，至今也該有不錯的報

冠軍操盤人黃嘉斌獲利的口訣

酬率。對於2025年初的這場川普風暴,我無法給你具體的解決方案,但「時間」是最佳的解法。股市不會永遠下跌,長遠來看,經濟總是成長(除非人類自取滅亡)。所以少一些空頭思維,現在只要多留意是否「鄰家失火要快跑」就可以了。我衷心期盼每位投資人都能用多頭思維,去努力做研究、再思考,這樣你就會成為股市贏家。

國家圖書館出版品預行編目（CIP）資料

冠軍操盤人黃嘉斌獲利的口訣：多年來我堅持照這些口訣，簡單操作就賺錢！／黃嘉斌著. -- 二版. -- 臺北市：大是文化有限公司，2025.07
224 面；17×23 公分. --（Biz；496）
ISBN 978-626-7648-78-0（平裝）

1. CST：股票投資　2. CST：投資技術　3. CST：投資分析

563.53　　　　　　　　　　　　　　　　114006075

Biz 496
冠軍操盤人黃嘉斌獲利的口訣
多年來我堅持照這些口訣，簡單操作就賺錢！

作　　　者／黃嘉斌
責任編輯／楊明玉
校對編輯／宋方儀
副 主 編／蕭麗娟
副總編輯／顏惠君
總 編 輯／吳依瑋
發 行 人／徐仲秋
會計部｜主辦會計／許鳳雪、助理／李秀娟
版權部｜經理／郝麗珍、主任／劉宗德
行銷業務部｜業務經理／留婉茹、專員／馬絮盈、助理／連玉
　　　　　　行銷企劃／黃于晴、美術設計／林祐豐
行銷、業務與網路書店總監／林裕安
總 經 理／陳絜吾

出 版 者／大是文化有限公司
　　　　　臺北市 100 衡陽路 7 號 8 樓
　　　　　編輯部電話：（02）23757911
　　　　　購書相關諮詢請洽：（02）23757911 分機 122
　　　　　24 小時讀者服務傳真：（02）23756999
　　　　　讀者服務 E-mail：dscsms28@gmail.com
　　　　　郵政劃撥帳號：19983366　戶名：大是文化有限公司

香港發行／豐達出版發行有限公司 Rich Publishing & Distribution Ltd
　　　　　地址：香港柴灣永泰道 70 號柴灣工業城第 2 期 1805 室
　　　　　Unit 1805, Ph.2, Chai Wan Ind City, 70 Wing Tai Rd, Chai Wan, Hong Kong
　　　　　電話：21726513　傳真：21724355　E-mail：cary@subseasy.com.hk

封面設計／林雯瑛　內頁排版／王信中、Winni
印　　　刷／鴻霖印刷傳媒股份有限公司

出版日期／2025 年 7 月二版
定　　　價／新臺幣 460 元（缺頁或裝訂錯誤的書，請寄回更換）
Ｉ Ｓ Ｂ Ｎ／978-626-7648-78-0
電子書 ISBN／9786267648773（PDF）
　　　　　　9786267648766（EPUB）

有著作權，侵害必究　　　　　　　　　　　　　　　　　Printed in Taiwan

※本書提供方法與個股僅供參考，請讀者自行審慎評估投資風險。